打開天窗 敢說亮話

信報系列

大師兵法揀港股

信報投資分析部　著
呂梓毅　編

目錄

1
價值型投資法

2
增長型投資法

大師選股概覽

	投資大師	揀股策略／方法	投資目標／心得	投資風格
1	畢非德 （Warren Buffett）	畢非德—— 海格斯壯揀股法	以價值投資為基礎選股投資	價值型投資法
2	格拉罕 （Benjamin Graham）	投資股價與其內在 價值價差大的企業	安全邊際（Margin of Safety）	價值型投資法
3	葛林布雷 （Joel Greenblatt）	神奇公式	尋找一些經營能力高，且估 值相對低廉的公司	價值型投資法
4	奧希金斯 （Michael B. O'Higgins）	狗股策略	揀選去年股價表現差勁、兼 有高派息指數成分股投資	價值型投資法
5	鄧普頓爵士 （Sir John Marks Templeton）	以遠低於內含價值 的價格買入股票	趁別人垂頭喪氣賣出的時候 買進，趁別人貪得無厭大買 時沽出	價值型投資法
6	彼得·林治 （Peter Lynch）	PEG	1）以「常識投資法」，從生 　　活中發掘具潛力的股份	價值＋增長型投資法
		GARP	2）發掘10倍股（Tenbaggers）	
7	信報投資分析部	價值、財務實力及 動力角度選股	集各家所成，尋找潛力股份	價值＋增長型投資法
8	費雪 （Philip Fisher）	從銷售額和 盈利增長面揀股	利用「閒聊法」，揀選銷售額 和盈利增長能夠長期高於整 體市場的高增長企業	增長型投資法
9	奧尼爾 （William J. O'Neil）	CANSLIM 投資法則	以技術面作為選擇時機、以 基本面作為選股條件、配合 人性的投資心理，作為篩選 出增長型股票的技巧	增長型投資法
10	丹尼爾 （Messod D. Beneish）	M-Score 模型	評核賬目造假風險	評分型投資法
11	皮爾托斯基 （Joseph D. Piotroski）	F-Score 模型	評核基本面好的股票	評分型投資法
12	阿特曼 （Edward I. Altman）	Z-Score 模型	評核倒閉風險	評分型投資法
13	德里豪斯 （Richard Driehaus）	盈利及股價動力	發掘相對強勢的股份「擇強 而噬」	動力型投資法
14	信報投資分析部	揀選成交異動 兼股價上升股份	尋找翌年領袖股	動力型投資法
15	信報投資分析部	強弱勢揀股法	尋找翌年領袖股	動力型投資法

推薦序

郝承林 │《信報》專欄作家

不論和任何時期相比，2015年都會是讓投資者印象深刻的年份。從第二季時衝上28000點的歡愉，到第三季時末時只20500點的驚惶，讓投資者經歷往天堂再返地獄的難忘旅程。

要提升投資水平，堅實的理論知識必不可少。呂梓毅的《大師兵法揀港股》，介紹了多位世所推崇的投資大師，深入淺出地列舉了眾大師的揀股準則和選股策略，讓讀者能輕易明白和學習眾大師的投資心法。

便如在畢非德的一章，詳細歸納出股神的投資理論要點和選股方法，並附以畢氏投資中石油獲利甚豐的真實經驗，不但說明畢非德是一個切切實實、奉行紀律的價值投資者，也說明股神的揀股心法同樣適用於中國，在不同股市同樣能帶來豐厚回報。

又如在《彼得‧林治教你發掘十倍股》一章，詳細介紹林治如何從日常生活出發（陪太太行街），找出潛質優厚股份，然後深入研究分析，最終收獲逾十倍回報的「動人故事」。

本書並不只是回顧過去式的介紹大師理論，而是學以致用，將眾大師的選股心法套用於港股之上，並嘗試從中找出優秀股份，以期有助讀者在股海淘金。

牛頓說：「如果我比別人看得更遠，那是因為我站在巨人的肩上。」要認識大師投資理論、提升自己的投資水平，研讀《大師兵法揀港股》，定必讓你事半功倍。

虛懷若谷，才能海納百川。呂氏這部著作，不以己先，卻以借用大師心法作題，可見其虛懷。筆者在此祝其一紙風行，「郝」揚紙貴。

推薦序

尹思哲 | 《創業起義》作者

昔日資訊短缺，我們要很費力氣去搜尋和收集有用的訊號，現時資訊泛濫，如何處理和過濾資訊變得重要。呂梓毅的拿手本領，是運用大數據，將不同大師的抽象策略轉化成人人睇得明的實用資訊。

推薦序

蔡康年 | 財經節目主持

市場的力量十分巨大，優秀的投資技巧需要配合投資者的心理素質。如果今天發生股災，明天你將會作出甚麼投資的決定？眼見市場上很多慘痛的個案，投資者往往是選擇在股市最低迷、最慘烈的時候離場。但成功的投資者往往可以安然渡過每次危機。

股災不可怕，因為是絕佳的投資機遇。面對股災，人人平等，那些投資大師在賬面上的虧損可能比其他人還要多。在瞬息萬變的股票市場中，成功投資者必須要「淡定」，認清自己的投資對象，希望大家可以從《大師兵法揀港股》中得到啟發。

借「大師」
踏出揀股第一步

作為投資者,選股方法往往直接影響投資的成敗(回報率)。在投資過程中,有些人會參考股評,有些人則愛聽消息,甚至跟風炒作。要增加投資的勝算,進行深入分析,如看財務報表或技術走勢等,是較務實的做法;然而,全港股票數目近2000隻,要從中挑選一些優質及有潛質的股票投資,需要付出大量的精神和時間,幾可肯定,這非一般(業餘)投資者或散戶所能應付。不過,一種較簡易、又可以縮窄揀股範圍,且可令投資勝算相對提升的選股方法,便是參考成功專業投資者或基金經理,如畢非德(Warren Buffett)、彼得・林治(Peter Lynch)及鄧普頓(Sir John Templeton)等「大師」的揀股策略,從中挑選一些按他們標準而言的優質股份,或作為選股的基礎。

筆者引入外國不同「大師」揀股方法，並且把多個方法套用在港股（及／或滬股通）作回溯測試（Back-test），發現有不少策略可獲得十分理想的回報，兼可遠遠跑贏基準（Benchmark），即恒生指數及／或滬股通指數。而這本書的目的，便是介紹和拆解不同「大師」選股策略的投資精粹或神秘面紗，希望讀者可從中體會並掌握到一些揀股的秘訣，也可以進而提升投資的勝算。此外，信報投資分析部也引入一些因應港股的表現特性，以及糅合多個「大師」的選股法，編制數個自家研發的揀股策略供讀者參考。

那麼，哪個「大師」選股法較適合自己？這因人而異，要視乎閣下的投資取向、投資年期和風險承受能力等，不能一概而論。為此，我們編制了一個大師選股概覽，內裏把各「大師」及我們編制的揀股策略和方法、投資目標和心得，以及投資方法整理和分類，方便讀者查閱。至於書中目錄編制方面，我們按「投資風格」編排，讓讀者可更輕易地找到所需或所喜好的揀股法參考。

港股360網站　DIY選股

至於如何按「大師」選股原則，找到最新的港股名單？或自己如何DIY篩選股票？

↑ 《信報》港股360專頁。

↑ 大師選股專頁每周更新，
讓讀者掌握符合大師揀股
準則的港股名單。

↑ 讀者可利用DIY選股器，按不
同的指標如市盈率來篩選心水
股票。

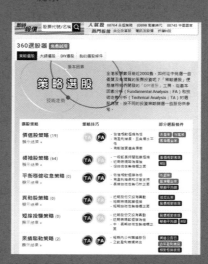

↑ 策略選股專頁，讓讀者按不同策
略篩選港股。

讀者可瀏覽《信報》港股360網站（網址：http://stock360.hkej.com/StockScreener），我們信報投資分析部會逐步把書內提及的「大師」選股準則，套用在港股市場上的最新名單，每星期在網頁上公布。當然，讀者也可以選用「DIY選股」的功能，按我們提供的篩選選項，制定合適自己的揀股條件。

最後，書內提供的揀股方法，只是幫助讀者和投資者了解的第一步，但如何縮窄揀股範圍，讀者和投資者最終也要自行做功課，尤其進一步了解公司的業務前景，以及管理層的管治質素等，從而進一步增加投資勝算。正如書中其中一個「大師」彼得·林治也曾提到：「股票投資是一門藝術，而不是一門科學」；投資選股的決策不是通過數學計出的，量化條件只是一個輔助工具，協助分析股份的價值。而彼得·林治成功的秘訣，還是勤奮調查和研究股票。

無論如何，藉着這本書對成功「大師」選股方法的介紹，對投資者來說，比毫無頭緒或道聽途說選股，成功率將來得更大；而讀者只要願意多花心思作深入了解，相信要勝過那些投資專家，其實一點都不困難。

祝投資愉快！

呂梓毅
信報投資分析部首席經濟及策略師

價值型
投資法
1

核心原則就是以基本分析去
理解企業的價值，然後衡量
當前的股票價格，是否提供
了一個吸引的買入機會。

學畢非德之道
買中港股

畢非德

過去50年間,「股神」畢非德(Warren Buffett)投資旗艦巴郡(Berkshire Hathaway)的表現大幅跑贏大市(標普500指數;詳見表1)。根據巴郡年報資料,在1965至2014年間,其年複合增長為19.40%,總回報高達7511倍;而同期的標普500指數年複合回報僅9.9%(包括股息),總回報亦不過是112倍。換言之,同樣是以1000美元作投資,經歷50年時間後,巴郡帶來的回報是750多萬美元,而投資於標指的回報卻不足11萬美元。

作為神級投資者,巴郡一年一度致股東的信都備受投資界注目,而對一直奉行價值投資法(Value Investing)的投資者來說,股神在信內提出的一些精闢見解,往往更是獲益良多。

2015年，這封以「巴郡——過去、現在及未來」為題的致股東的信中，除一如以往回顧2014年業績，畢非德及副主席芒格（Charlie Munger）更分別撰寫對巴郡過去及未來50年的投資展望。此外，畢非德更對自己過去的投資得失作總結，以及詳述芒格對自己投資思想的影響。

在信中一段「Charlie Straightens Me Out」中，畢非德回顧過去管理一筆規模較少的資金時，其「雪茄屁股」（Cigar-Butt）投資策略獲得非常高的成效，尤其在1950年代時，令他早期得以低廉價格（Bargain Price）買入平庸的公司（Mediocre companies），獲得不少利潤。

「雪茄屁股」有局限

這個「雪茄屁股」策略，源自畢非德恩師葛拉罕（Benjamin Graham），重點是尋找便宜、被遺棄的股票，就如拾起路邊的雪茄屁股，點起火吸上最後一口。但畢非德亦開始注意到，這個策略的缺點是擴展性（Scalability）有限，當資金增大至某個規模後，就難以突破這個策略上的局限。

這時，芒格的一句說話，成功說服畢非德放棄主力尋找雪茄屁股的習慣；引用原文會較為傳神：「Forget what you know about buying fair businesses at wonderful prices; instead, buy wonderful businesses at fair prices」，意思是不用以絕佳價格買入合理企業，而是要以合理價格買入絕佳企業。

原文中「fair prices」如簡單翻譯為「合理價格」，可能容易令一般投資者誤會，誤以為畢非德放棄了對「價格」的謹慎。事實上，從收購喜思糖果（See's Candy）的例子中，賣方叫價3000萬美元，即使芒格亦表示合理，但畢非德卻不願意支付高於2500萬美元的價格，反映股神對「合理價格」的理解比大部分人仍然嚴謹得多。

畢非德的投資風格其實很簡單，不論是收購整家企業，或只是購買股票作為投資組合的一部分，其核心原則就是以基本分析（Fundamental Analysis）去理解企業的價值，然後衡量當前的股票價格，是否提供了一個吸引的買入機會。

畢非德9大準則揀股

然而，何謂「Wonderful businesses」？何謂「Fair prices」？在致股東的信中，畢非德雖然沒有進一步定下一個可量化的定義，但市場有很許多關於畢非德投資的著作，都在試圖解讀股神的投資理念和方法。當中，美盛資金管理投資組合經理海格斯壯（Robert G. Hagstrom）撰寫的《畢非德精華：新經濟永恒法則》（*The Essential Buffett: Timeless Principles For The New Economy*）一書中，就嘗試歸納了畢非德的投資方法：

1. 要像分析一門業務一樣分析股票；
2. 尋求買入的安全邊際（Margin of safety）；
3. 管理一個集中的投資組合；
4. 不要投機及避免被市場情緒所影響。

根據海格斯壯的解釋，畢非德的選股條件主要包括：

1. 簡單、易懂的業務；
2. 持續的盈利能力；
3. 良好的股本回報率（Return on equity，簡稱ROE）；
4. 低負債；
5. 良好的管理；
6. 50至200億美元的規模，愈大愈好；
7. 避免財困和敵意收購。

而美國個人投資者協會（American Association of Individual Investors，簡稱AAII）根據海格斯壯對畢非德投資的標準，建立了一套以價值投資為基礎的股票篩選方法，稱為The Buffett-Hagstrom Screen，量化的準則如下：

1. 企業市值大過或等於10億美元；
2. 過去7個財政年度，企業每年均錄得經營溢利；
3. 當前的股本回報率超過15%；

4. 最近3個會計年的股本回報率（ROE）均大於15%；
5. 債務與股東權益比率（Debt to Equity）低於行業平均；
6. 經營利潤率（Operating Margin）高於行業平均；
7. 淨利率（Net Profit Margin）高於行業的平均；
8. 過去5年的股價變動較賬面價值（Book Value）變動大；
9. 價格／自由現金流（Free Cash Flow）增長比例最低的30家企業。

眼光獨到的畢非德，當年投資中石油（00857）帶來約40億美元利潤，至今仍為人所津津樂道（參見圖1），而利用以上的選股準則，中石油當年確實具有投資的價值，符合上述的篩選條件。參考中石油的財務數據（參見表2），撇除無法重新統計的條件9外，中石油於2002至2006年間的數據皆符合了 The Buffett-Hagstrom Screen 的條件。

可是，筆者於2014年11月嘗試將之套用於滬股通股份內，發掘一些極具投資價值的股份，結果卻發現竟然沒有一間企業完全符合以上9項篩選準則；這或許解釋了為何股神自中石油後，一直再沒有投資內地股市的原因（比亞迪（01211）亦未能通過上述同樣準則，故一如市場傳聞般，投資比亞迪很有可能是芒格的決定，故中石油仍是畢非德唯一投資過的中國企業）。

表 1 畢非德歷年投資表現（年度化回報）

年份	畢非德投資回報（%）	標普500指數同期回報（連股息；%）
1965-1970	20.69	6.08
1970-1975	13.79	3.23
1975-1980	33.36	13.75
1980-1985	32.59	14.54
1985-1990	22.92	13.15
1990-1995	25.62	16.60
1995-2000	22.91	18.34
2000-2005	7.98	0.54
2005-2010	9.97	2.30
2010	13.00	15.10
2011	4.60	2.10
2012	14.40	16.00
2013	18.20	32.40
2014	8.30	13.70
1965-2014	19.40	9.90

資料來源：信報投資分析部、2013年畢非德致股東的信

表 2 中石油於 2002 至 2008 年間的財務數據

年份	2008	2007	2006	2005	2004	2003	2002	2001	2000
市值 (億元)	1432.62	2932.75	2325.10	1339.78	729.67	782.42	272.53	242.64	228.57
經營溢利 (億元)	1619.21	2024.53	1995.53	1940.65	1540.89	1030.69	750.53	718.25	926.96
股本回報率 (%)	15	22	26	28	26	21	15	16	23
債務與股東權益比率 (%)	16	10	12	14	19	20	26	31	34
行業中位數 (%)	60	53	72	78	66	62	49	52	38
營業利潤率 (%)	15	24	29	35	39	34	31	30	38
行業中位數 (%)	9	11	9	8	10	10	9	10	12
淨利率 (%)	11	18	21	24	26	23	19	19	23
行業中位數 (%)	6	8	5	4	6	5	5	8	8

資料來源：信報投資分析部、彭博

圖 1　中石油（00857）2002 至 08 年股價

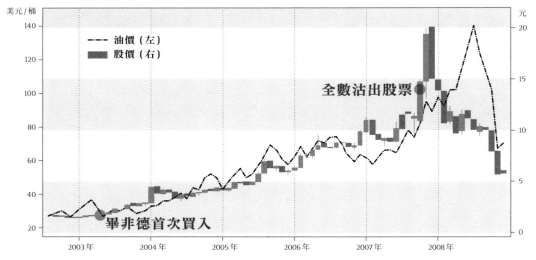

資料來源：信報投資分析部、彭博

然而，到了 2015 年 9 月，港股經過連月急挫後，大部分股票由高位大幅下滑，一些具持續的盈利能力，以及擁有良好股本回報率的公司，亦開始出現具吸引力的買入機會。當筆者再度重溫上述篩選準則時，發現終於有公司能夠同時符合以上 9 項相對嚴格的條件，那就是從事研發、生產和銷售一系列中藥現代製劑和西藥藥品的中國生物製藥（01177；詳見表 3）。

中國生物製藥的投資價值

接下來，筆者將透過中國生物製藥的：（1）業績表現、（2）F-Score檢測法[1]、（3）分析員評級及盈利預測、（4）技術走勢，以及（5）估值變化的5大範疇，進一步探討其投資價值。

1. 公司近況及業績簡評

中國生物製藥截至2015年6月底止6個月的中期業績，期內股東應佔溢利9.28億元，按年增長46.75%；每股盈利18.78仙，派第二季股息1.5仙。

另外，期內收入74.43億元，按年增長25.9%；按業務劃分，中藥現代製劑及西藥（包括：肝病用藥、心腦血管藥等）收入71.98億元，按年上升24.6%，分部溢利13.4億元，增長25.8%。

期內投資溢利錄得1.03億元，佔總分部溢利或稅前盈利約7%；而綜合財務狀況表上，可供出售投資及透過損益以公允價值列賬之權益投資（包括流動資產及非流動資產）合共22.90億元。（然而，值得注意的是，）預期下半年投資市場大幅波動，或會為下半年投資收益帶來負面影響，甚至令投資出現虧損，並影響下半年盈利。

2.F-Score 檢測

以2014年的全年業績計算，中國生物製藥的F-Score評分為5（參見表4）；而醫療保健板塊內約90家成分股的F-Score評分中位數及平均值均為5；反映中國生物製藥的財務狀況與行業的平均水平相若。

表3　符合9項篩選條件的股份

股票代號	01177
股票名稱	中國生物製藥
所屬板塊	醫療保健
市值	454.6億元
經營溢利	10.82億元
股本回報率	27.59%
債務與股東權益比率	19.81%
營業利潤率	14.53%
淨利率	12.47%

資料來源：信報投資分析部、彭博；截至2015年9月

表4　中國生物製藥F-score檢測

資產回報率為正數	1
經營現金流為正數	1
本年度資產回報率高於前一年	1
經營現金流高於同期盈利	1
長債佔總資產比率回落	0
流動比率上升	0
發行股票量沒有增加	1
毛利率上升	0
資產周轉率上升	0
F-Score	5

資料來源：信報投資分析部、彭博；截至2015年9月

3.分析員評級及盈利預測

參考彭博資料的統計數字，給予「買入」、「持有」、「沽出」的比例為分別為79%、21%、及0%；分析員的看法幾乎是一面倒看好。

綜合分析員給予中國生物製藥的目標價為10.44元，當前尚有約13.5%上望空間。目前預期今年盈利增長約為22.5%，而由於上半年盈利增長為46.8%，故相信全年仍有機會達標。

4.從估值角度分析

以2015年9月1日收市價8.74元計算，中國生物製藥的往績市盈率約30倍。參考其市盈率區間圖（參見圖2），目前的股價較其歷史中位數高出約0.2個標準差，估值水平不過不失。

5.技術圖表分析

從過去3年的周線圖來看，中國生物製藥大部分時間處於長期上升趨勢通道內運行；即使一度跌穿通道底部，亦能迅速以陽燭重上通道之內，加上RSI仍保持在50以上，長期趨勢至今一直相對正面（參見圖3）。

圖 2 中國生物製藥市盈率區間

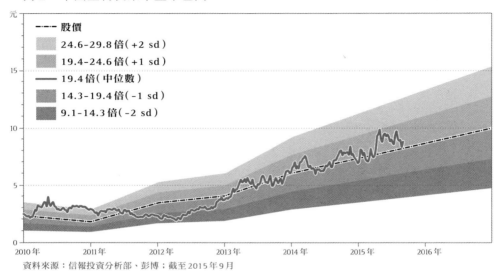

資料來源:信報投資分析部、彭博;截至2015年9月

最後,筆者針對上述5大範疇的表現,各自給予相應評分,得出綜合分數(平均分)為63分(參見後頁圖4)。大概是由於公司估值未算十分吸引,且在過去1年,其技術走勢一直處於上升通道中軸水平下運行。

圖 3 中國生物製藥長期趨勢正面

資料來源：信報投資分析部、彭博；截至2015年9月

總括而言，在資訊爆炸的年代，股神畢非德－海格斯壯的揀股法透過設定財務門檻，量化條件，有助讀者在芸芸股海中發掘優質企業。當然，篩選結果只是研究的開端，讀者要了解企業過去資產負債表，或配合其他指標（如F-Score、技術指標等）進一步作深入調查，是一個不可或缺的過程。而讀者亦宜因應自己承受風險的能力，避免以孤注一擲的方式作投資。

圖 4　5 大範疇看中國生物製藥投資價值

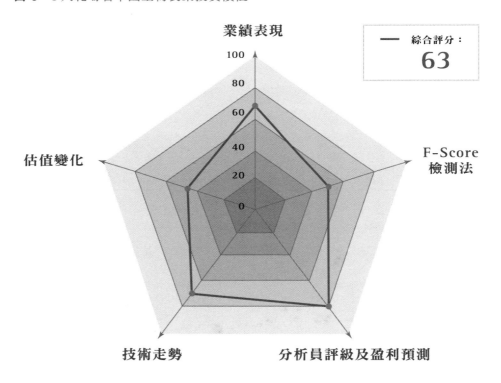

資料來源：信報投資分析部、彭博；2015 年 9 月

註解

1.　F-Score 是透過個別財務報表的歷史數據，測試及檢視企業在盈利能力、財政實力和經營效率 3 大準則範疇的表現，並細分 9 項指標因素作為評分機制，從而評估企業財政狀況的基本面是否健康。更多有關 F-score 的分析，請參閱第 3 章。

策略是相信去年股價表現差勁（兼有息派）的指數成分股，來年將可收復失地，並有較突出的表現。

2

捕捉港股「好狗」

奧希金斯

「狗股」聽起來負面，但其實「狗股理論」在美國相當受歡迎，而在美股市場，「Dogs」其實只是泛指一些被拋售至低殘的股票而已，並沒有甚麼貶義。

「狗股策略」源自美股即道瓊斯工業平均指數，亦即所謂道指「狗股策略」（Dogs of the Dow），是一種簡單且易於執行的股市投資策略。原裝版本的投資方法，是於每年底或年初在道指30隻指數成分股中，選出最高股息率的首10隻投資，即建立這10隻「狗股」所組成的投資組合，並持有組合至年底或翌年初。然後再重複做法，重新揀選過10隻「狗股」，組成新一年的「狗股」投資組合，周而復始。而要將「狗股策略」套用於港股，只需把恒指指數成分股取代道指成分股便可。

低殘股博翻身

這個揀股策略理念十分簡單，就是選取一些股價相對低殘兼有息派的道指成分股納入投資組合；若然派息金額維持不變，股價愈低殘，股息率便會愈高，納入「狗股」組合的機會便愈大。

換言之，此策略是相信去年股價表現差勁（兼有息派）的指數成分股，來年將可收復失地，並有較突出的表現。若此情況成立，「狗股策略」便可長遠跑贏指數表現。

事實上，這個理論有實際數據支持。道指「狗股策略」的平均表現，已有逾半個世紀跑贏基準（即道指）的紀錄。雖然在近10年裡，這策略的表現只有5年較道指為佳（參見圖1），但累計回報仍壓過同期道指的表現。

除最傳統的「狗股策略」外，市場隨後演變出多個不同「狗股策略」的版本，例如在每年10隻「狗股」中，再挑選股價最低的首5隻投資，甚至只投資股價第二低的「狗股」等等。

另一方面，坊間亦有很多關於「狗股策略」的介紹，但他們往往僅是量度股價變化，並未包括股息的因素。不過，如前所述，「狗股策略」是於年初選定加入投資組合的股票後，期間便不會再作出轉換，直至翌年初，即持貨時間達一整年。故此，在量度策略的歷史表現時，理應不可忽略股息的因素。

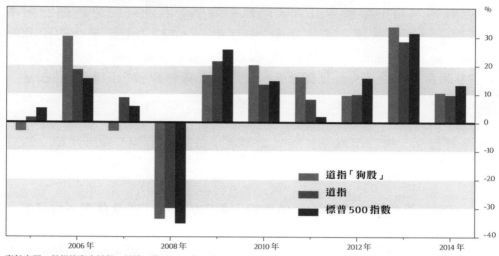

圖1　道指「狗股策略」按年表現（連股息）

道指「狗股」
道指
標普500指數

資料來源：信報投資分析部、彭博；截至2015年1月

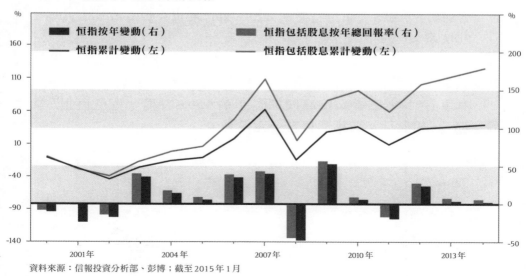

圖2　恒指按年表現及累計回報

■ 恒指按年變動（右）　　　■ 恒指包括股息按年總回報率（右）
— 恒指累計變動（左）　　　— 恒指包括股息累計變動（左）

資料來源：信報投資分析部、彭博；截至2015年1月

不要小看這每年數個百分點的股息因素，尤其投資年期愈長，可對累計總回報率影響十分大。以恒指為例，若連同股息的總回報率（每年回報率較原先高出介乎 2% 至 5%），自 2000 年至今的累計升幅便高達 1.25 倍，較沒有包括股息的表現（即只計算指數變化）高出86 個百分點之多（參見圖 2）。因此，筆者將把股息因素歸納在是次檢測當中。

至於恒指「狗股策略」表現又如何呢？首先把恒指「狗股策略」劃分為 3 個不同的策略，分別是：

1. *每年投資股息率最高首 10 隻恒生指數成分股，組合權重平均分配，即每隻股票分配 10% 資金；*
2. *在每年股息率最高首 10 隻恒指成分股中，投資於每股股價最低的首5 隻股份，組合權重同樣平均分配，即每隻股票分配 20% 資金；*
3. *在每年股息率最高首 10 隻恒指成分股中，投資於每股股價最低排名的第 2 至第 5 隻恒生指數成分股，組合權重分別為 40%、20%、20% 及 20%。*

按這 3 個「狗股策略」的部署，2014 年的回報率分別為 15.7%、23.4% 和 20%，三者均跑贏同期恒指的 5.3% 表現，可見恒指「狗股策略」，相對近年道指的仍有一定效力。

圖3　「狗股策略」跑贏同期恒指

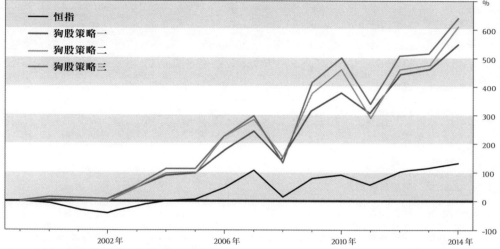

資料來源：信報投資分析部、彭博；截至2015年1月

若自2000年至2014年底計，這3個「狗股策略」累計回報率則分別為546.9%、609.2%和636.1%，或年回報率13.3%、14%和14.2%（參見圖3），明顯較同期恒指只有125.2%的升幅（或按年5.6%）為優，差距也達數倍計。

表1　2015年恒指狗股名單

股票代號	股票名稱	策略一	策略二	策略三	2014年底股息率（%）	2014年底收市價（元）
01880	百麗	○	-	-	7.46	8.72
00494	利豐	○	○	○	6.49	7.26
00939	建設銀行	○	○	○	5.74	6.37
01398	工商銀行	○	○	○	5.63	5.66
03988	中國銀行	○	○	-	5.50	4.37
00883	中國海洋石油	○	-	-	5.35	10.44
00005	匯豐控股	○	-	-	5.21	74.00
01088	中國神華	○	-	-	4.84	22.95
00386	中國石化	○	○	○	4.70	6.25
01928	金沙中國	○	-	-	4.64	38.15

資料來源：信報投資分析部、彭博；截至2015年1月

恒指「狗股」明顯跑贏

事實上，2014年的「狗股」中，表現最佳為交通銀行（03328）及中國銀行（03988），股價分別上升32.4%及22.4%，如包括股息回報的話，總回報更分別達40.5%及31.0%。另外，10隻「狗股」中有6隻錄得雙位數回報，僅一隻錄得負回報，若以選股表現來看，可能已經比很多基金經理優勝得多。

表 2　2015年國指狗股名單

股票代號	股票名稱	策略一	策略二	策略三	2014年底股息率（％）	2014年底收市價（元）
00939	建築銀行	◯	-	-	5.74	6.37
01398	工商銀行	◯	◯	◯	5.63	5.66
03988	中國銀行	◯	◯	◯	5.50	4.37
01288	農業銀行	◯	◯	-	5.46	3.92
00998	中信銀行	◯	◯	◯	5.04	6.22
01088	中國神華	◯	-	-	4.84	22.95
00386	中國石化	◯	◯	◯	4.70	6.25
00857	中國石油	◯	-	-	4.55	8.60
03328	交通銀行	◯	-	-	4.51	7.24
00902	華能國際	◯	-	-	4.49	10.48

資料來源：信報投資分析部、彭博；截至 2015 年 1 月

那麼2015年的「狗股策略」名單又如何？根據2014年12月31日收市價計算，找出股息率最高的10隻恒生指數成分股，並以每股股價由低至高列出（參見表1）。換言之，按2015年策略二和策略三的「狗股」，便分別是表1內第1至第5隻和第2至第5隻的成分股。當然，策略一的「狗股」，便是表1內所有10隻股票。

至於「狗股」策略套用在國企指數上，是否同樣有效呢？筆者曾利用2003年及隨後的10年數據，把前述3種「狗股」策略應用在國指成份股內，作回溯測試。結果顯示成效亦十分顯著。整體而言，策略一、二和三，在這10年間累計回報率，分別有6.2倍、12.5倍和13.8倍，遠較同期國指只有4.7倍為優。

不過，由於國指的歷史相對道指和恒指為短，策略是否經得起時間考驗，相信還有待觀察。各位讀者不妨參考表2的2015年國指「狗股策略」名單，在2015年底看看這批「狗股」能否再度跑贏國企指數。

許多具有增長潛力的優質股
都可以從日常生活中發掘出
來，而不少股份更能漲逾10
倍以上。

3

彼得‧林治教你
發掘10倍股

彼得‧林治

美國知名基金經理彼得‧林治（Peter Lynch），他在出任麥哲倫基金（Magellan Fund）基金經理的13年間，創下高達28倍的投資回報率（參見圖1），即在1977年若投資1萬美元在麥哲倫基金，到1990年可得到28萬元。此外，麥哲倫基金的規模也從他接手管理時的2000萬美元，一直激增至140億美元，成為當時全球最大型的股票基金。

從日常生活挑選股票

也許你會好奇，他是怎麼辦到的？事實上，彼得‧林治買股票從不靠市場預測、不做期貨期權交易，亦不作沽空買賣等投機行為。在 *One Up on Wall Street : How to Use What You Already Know to Make Money in the Market* 一書中，彼得‧林治在導言中就提到，其第一條準則就是「不要聽信專家」。

圖1　彼德·林治帶領麥哲倫基金跑贏大市

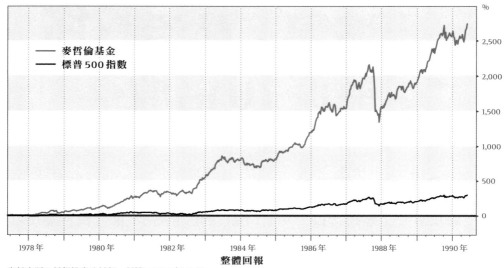

資料來源：信報投資分析部、彭博；2014年11月

圖2　漢斯股價走勢圖（1980至2000年）

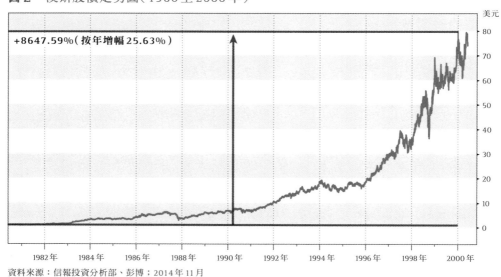

資料來源：信報投資分析部、彭博；2014年11月

他認為在投資領域上，所謂專家的聰明錢（Smart money）其實不見得那麼聰明，而散戶的愚笨錢（Dumb money）也不見得像一般人認為的那麼一無是處；遺憾的是，散戶往往誤信專家之言，才會變得如此。

基本上，彼得·林治認為一般投資者本身已具備了許多優勢，如果善於利用，就可以輕易跑贏那些所謂的「專家」。他指出，投資者可以從日常生活中、自己從事的行業，以至家裡附近的購物中心，自己進行研究、調查及進行基本分析，從而挑選出表現優異的公司股票。

回顧彼得·林治過去一些選股的經驗，如1977年，就是因為他陪伴妻子購物，從妻子非常熱愛漢斯（Hanes）公司旗下生產的蕾格絲（L'eggs）絲襪，才開始進行研究及入手。結果，漢斯的股份在被聯合食品（Consolidated Foods）收購前上漲了6倍之多（其後又轉賣給莎莉蛋糕公司Sara Lee；參見圖2）。他又利用這個「生活投資」哲學，從女兒喜愛的The Body Shop品牌，發現這隻業務遍佈全球、高速增長的股票。

事實上，彼得·林治曾提到，他寧願投資絲襪，也不投資通訊衛星；投資汽車旅館，也好過投資光纖光學。他認為，許多具有增長潛力的優質股都可以從日常生活中發掘出來，而不少股份更能漲逾10倍以上，他稱之為「十壘安打」（Tenbaggers）的股票。

以下筆者嘗試歸納彼得‧林治的投資哲學：

1. 彼得‧林治認為盈利增長為主導股價走勢的重要因素，但他同時對一些增長過快的公司存在戒心，擔心這種增長速度將無以為繼，或該行業會吸引大量競爭對手；
2. 透過觀察市盈率與增長比率（PEG ratio），可發現一些被低估或高估了的股票；而他相信該數值低於1的公司相對吸引；
3. 一些未被發現的高增長企業，應存在較少機構投資者參與買賣；
4. 擁有充足現金流的企業，其發展及抵禦經濟周期的能力相對較高；
5. 一些市值較高的企業，往往難以給予投資者太多投資回報；相反，規模較小的公司的股價爆炸力有時卻相當驚人；
6. 通過經營利潤率的歷史數據，可尋找一些盈利穩定的公司，特別是經濟不景時仍有不俗收入的企業；
7. 找到優秀的企業只是成功的一半，另一半還須找出合適的投資時機。

為此，筆者針對上述7點來進行量化，得出以下選股準則：

1. *每股盈利（EPS）增長大於或等於15%，但不能高於30%；*
2. *市盈率與增長比率（PEG）低於或等於1；*
3. *機構投資者佔流通股票比例低於或等於50%；*
4. *債務與股東權益比率（D/E）低於或等於25%；*
5. *總市值低於或等於100億港元；*
6. *現時的經營利潤率（Operating Margin）低於5年平均兩倍以上；*
7. *現時的市盈率（P/E）低於過去5年平均數。*

表 1　得分最高的港股公司列表（排名不分先後）

股票代號	股票名稱	所屬板塊	每股盈利增長（%）	市盈率與增長比率（%）	債務與股東權益比率（%）	總市值（十億）	機構投資者佔流通股票比例（%）	市盈率（倍）	總分
01122	慶鈴汽車	汽車	20.00	0.60	0.00	6.68	26.34	12.03	7
03386	東鵬控股有限公司	建築	25.00	0.27	10.24	4.71	33.29	6.64	7
01431	原生態牧業	食品製造	21.70	0.24	1.15	2.74	9.64	5.24	7
00602	佳華百貨	零售/貿易	29.37	0.24	18.55	0.51	0.00	6.94	7
02033	時計寶	零售/貿易	20.16	0.43	2.60	2.75	9.77	8.63	7
01249	通力電子	電子	22.86	0.27	1.82	1.36	32.94	6.16	7
01023	時代集團控股	製造業	25.91	0.40	0.00	4.84	16.06	10.47	7
02010	瑞年國際	醫療保健	16.17	0.20	23.33	3.22	28.13	3.28	7

資料來源：信報投資分析部、stock360.hkej.com、彭博；截至 2015 年 9 月。

筆者根據上述原則，套用於全港約1700隻港股中，截至2015年9月初為止，共有8間上市企業符合相關篩選要求（參見表1；讀者亦可瀏覽港股360大師選股，看每周更新名單；網址：http://stock360.hkej.com/StockScreener）。

最後，以上的方法雖然是一個不俗的方法，選出具有增長潛能的股份；不過，即使符合所有條件的公司，也不需要立即飛身追入。事實上，彼得‧林治也曾提到「股票投資是一門藝術，而不是一門科學」；投資選股的決策不是通過數學做出的，量化條件只是一個輔助工具，助你分析股份的價值。而彼得‧林治成功的秘訣，還是在於勤奮的調查研究的成果。筆者相信，讀者只要願意多花心思作深入了解，要勝過那些投資專家，其實一點都不困難。

目標就是尋找有持續穩定增長潛力、價格又被市場低估的股票，是一種兼顧企業增長與價值的量化策略。

4

學彼得・林治
揀落後優質股

恒指於2015年4月大升，大部分港股均錄得顯著升幅，在類似的市況下，想尋找一些股價相對落後的優質股絕非易事。利用GARP（Growth at a Reasonable Price）選股策略，就可幫助投資者尋求一些股價仍被低估的優質股份。

Growth at a Reasonable Price，字面意思就是「以合理價格追求增長」，故GARP就是結合了傳統的增長型和價值型投資策略。一般來說，增長型投資的缺點是不會過分計較股票的買入價格，而價值型的投資者則忽略了所謂的「價值股」之所以便宜，往往因為這些企業的經營並不理想。因此，GARP的出現，很大程度上彌補了兩者的盲點或不足，其目標就是尋找有持續穩定增長潛力、價格又被市場低估的股票，是一種兼顧企業增長與價值的量化策略。

說起GARP選股策略，就不得不提傳奇基金經理彼得‧林治。前文提到，他出任麥哲倫基金（Magellan Fund）基金經理的13年間（1977年5月31日至1990年5月31日），創下高達28倍的投資回報率（年度化回報率達29.2%；包括基金所派的股息），某程度上就是歸功於他所倡導的GARP投資策略。

PEG讀數　兼顧價值與增長

在應用GARP篩選股票時，最重要的指標就是PEG Ratio（Price/Earnings To Growth），即市盈增長比率。應用GARP策略的投資者，一般會在PEG讀數介乎0.5至1.0的範圍內選擇股票，亦即反映公司的盈利增長高於其市盈率，藉此尋找一些具有盈利增長能力，但尚未被「炒高」的股票，換句話說就是價格仍未完全反映公司的增長潛力。

由此路進，筆者於2015年6月以港股內約1700多隻股份套用於上述準則，結果發現共93間上市企業符合標準。不過，由於篇幅所限，現只列出共8間市值高於50億元的公司，作為例子供大家參考如何應用此策略（參見表1）。

表 1 符合PEG篩選準則的公司（排名不分先後）

股票代號	股票名稱	所屬板塊	總市值(億元)	PEG比率
00902	華能國際	公用事業	423	0.95
01033	中石化油服	石油化工	84	0.96
02202	萬科	地產	272	0.69
03699	大連萬達	地產	443	0.91
02333	長城汽車	汽車	545	0.52
01958	北京汽車	汽車	229	0.72
01359	中國信達	金融服務	574	0.57
02009	金隅股份	建築	101	0.85

資料來源：信報投資分析部、彭博；截至2015年6月

篩選半新股需小心

不過，有一點讀者亦需要注意，就是表 1 的篩選結果中，個別股份上市的日子相對較短（上市日子少於兩年），其上市前的業績都有可能被人為地「美化」，令公司能夠以較高估值出售股份，故「被灌水」的收入和盈利令半新股的財務數據出現偏好的情況；而倘若半新股「優異」的業績忽然走樣的話，結果往往造成股價大幅的波動。

總括而言，GARP是其中一個結合成長型與價值型的理想估值策略。透過這個方法，尋找估值偏低或市場錯價（Market mispricing）的股份，從而避開過高估值的股份。事實上，彼得‧林治本人歷年輝煌的基金表現已證明，PEG策略是一個值得投資者花時間研究及學習的技巧。

比較公司的股價與其內在價值之間的價差，當折讓幅度夠大時，才是一個適合的投資機會。

5

價值投資之父
教防守

格拉罕

港股在2015年的走勢可謂相當戲劇性，經過全民瘋股的「大時代」，又急急打回原形，大上大落的日子令投資者坐立不安。在風高浪急的市況下，持有一些防禦性強的股份，也許是不俗的投資策略。

湊巧的是，彭博有一篇報道，指出利用價值投資之父格拉罕（Benjamin Graham）在《聰明的投資者》（ *The Intelligent Investor* ）中所列出的選股準則，揀選一些防禦性強的內地股票，發現在2800多家企業中，只有一間能通過所有準則。然而，由於該公司只於深圳上市，本地投資者較難買入，筆者遂嘗試以同一選股策略，套用在港股中約1700多間公司中，希望藉此找出一些股價相對低廉的優質股份。

一提到股神，讀者自然會想到畢非德，然而，畢非德的投資理念，其實主要是來自其哥倫比亞商學院（Columbia Business School）的老師格拉罕。

格拉罕的證券分析及理念在投資領域上有巨大的影響，更被公認為華爾街「證券分析之父」及「價值投資理論始祖」。1934年，正值美國及環球經濟大蕭條，格拉罕與多德（David L. Dodd）合著《證券分析》（*Security Analysis*），被譽為「價值投資的聖經」。除了畢非德外，不少著名的基金經理如奈夫（John Neff）和芮普（Tom Knapp）等，皆是格拉罕的學生。

股神老師　看重企業財務

事實上，格拉罕一直建議投資者應花一點時間與精神去分析公司的財務狀況。而所謂安全邊際（Margin of Safety）的分析策略，就是比較公司的股價與其內在價值之間的價差，當折讓幅度夠大時，才是一個適合的投資機會。《聰明的投資者》於1949年出版，格拉罕於書中強調「最聰明的方法就是像做生意一樣對待投資」（Investment is most intelligent when it is most businesslike）。

另外，格拉罕在書中提出一個非常生動的比喻，就是「市場先生」（Mr. Market）。市場先生每天在市場都會提出一個他樂意買入你的股票，或把他的股票賣出的價格；然而，市場先生的情緒卻很波動，因此當他非常樂觀的時候，他會報出一個很高的價格，而當他非常悲觀的時候，他就會報出一個很低的價格。

事實上，無論市場先生是樂觀或悲觀的時候，他報出的價格也可能是非常荒謬的。

格拉罕認為，理性的投資者不應該受市場先生的情緒（股價波動）影響，衡量股票的價值；相反，投資者應該從市場先生的愚昧行為而得益，而不是參與其中。格拉罕建議，投資者應把注意力集中在公司的經營表現及分紅情況，而不是市場先生的非理性行為。

防守股7大要求

選股策略方面，格拉罕認為適合「防禦性」投資者的股票，需要滿足以下7項要求：

1. 公司規模

以年收入最少1億美元作為分界線，以此排除那些收入不穩的公司；

2. 財務實力

流動資產最少為負債的兩倍，而長期負債低於當前的淨資產；

3. 盈利穩定

過去 10 年每年均錄得盈利；

4. 派息紀錄

不間斷派息最少 20 年；

5. 盈利增長

過去 10 年的年增長率不低於 2.9%；

6. 市盈率（P/E）

過去 3 年的市盈率不應超過 15 倍；

7. 市賬率（P/B）

低於 1.5 倍。惟如果市盈率低於 15 倍，那麼當兩者的相乘後低於 22.5 倍時，較高的市賬率也可以接受。

為此，筆者針對上述 7 點來進行量化，得出以下選股準則：

1. *最新財政年度的收入高於（或等於）7.75 億港元；*
2. *流動比率高於（或等於）2.0；*
3. *營運資本（Net Working Capital）高於長期負債；*

4. 過去10年的每年收入均為正數；

5. 過去10年每年均有派息[1]；

6. 攤薄每股盈利（Diluted EPS）於過去10年的複合年增長率不低於 2.9%；

7. 過去3年的市盈率均低於15倍；

8. Graham Multiplier（即市盈率乘市賬率）低於22.5倍。（格拉罕要 求市賬率不可高於1.5倍，不過若然市盈率乘市賬率低於22.5倍， 相對較高的市賬率可以接受。）

由此路進，筆者在2015年中，以港股內約1700隻股份套用於上述 準則，結果發現共9間上市企業（約佔檢測範圍的0.5%）符合標準 （參見表1）。

從結果來看，該9隻股票大致可歸納於3個不同板塊，分別是地產 （約佔56%）、零售／貿易（約佔33%）及綜合企業（約佔11%）。 大家不難發現，這些股份中大多是因為受政策拖累而出現較大折 讓。舉例說，受內地打貪影響，導致業務集中於澳門的信德集團 （00242），以及一些本地高端零售股如周生生（00116）及六福集團 （00590）等股價長期受壓；倘若日後相關政策得到鬆綁，這些股票 將最能受惠。

表 1　符合篩選準則的公司（排名）

股票代號	股票名稱	所屬板塊	流動比率（%）	公司收入（億港元）	過去 10 年攤薄每股盈利 CAGR（%）	Graham Multiplier（倍）
00242	信德集團	綜合企業	4.81	12.30	9.75	3.12
00116	周生生	零售 / 貿易	3.45	24.82	25.56	11.08
00590	六福集團	零售 / 貿易	3.30	24.77	33.35	13.90
00693	陳唱國際	零售 / 貿易	2.54	13.73	22.09	2.25
00012	恒基地產	地產	3.29	30.14	6.97	7.38
00016	新鴻基地產	地產	3.91	96.84	20.36	6.63
00083	信和置業	地產	3.04	9.61	23.02	5.08
00247	尖沙咀置業	地產	3.01	9.68	25.44	4.33
00688	中國海外發展	地產	2.09	154.74	36.90	19.17

資料來源：信報投資分析部、彭博；截至 2015 年 6 月

很多人認為，格拉罕這本寫於 60 多年前的投資著作，是否已經過時？其理論又是否還適用於現今的投資環境？事實上，經歷 2000 年科網泡沫爆破與 2008 金融海嘯，畢非德已證明基本分析仍然是一個經得起考驗的投資方法。儘管時代轉變，有些著作的智慧卻長存不朽。格拉罕所建立的投資法則，即以基本分析作為投資的基石，筆者認為至今仍然是無懈可擊。

註解

1.　筆者曾嘗試把該篩選準則定為「公司於過去 20 年（或 15 年）每年均有派息」，惟結果顯示，在現在約 1700 多隻港股中，未有一間公司能脫穎而出，故我們把是次篩選準則修改為「過去 10 年」。

趁別人垂頭喪氣賣出的時候買進，趁別人貪得無厭大買時沽出。

6

鄧普頓5大準則
買平貨

鄧普頓爵士

投資者對「鄧普頓」這個名字一定不會陌生。鄧普頓爵士（Sir John Marks Templeton）是鄧普頓集團的創辦人，被《福布斯》（*Forbes*）譽為「環球投資泰斗」及「歷史上最成功的基金經理之一」；2006年更被美國《紐約時報》（*New York Times*）評選為「20世紀全球十大頂尖基金經理」。

早於1937年，也就是大蕭條最低迷的時候，當年只有26歲的鄧普頓就成立了自己的投資公司Templeton, Dobbrow & Vance，並靠著1萬美元的貸款，購入104間股價低於1美元的公司各100股股票。4年後，這些股票成功為鄧普頓賺來人生第一桶金，而其公司的資產規模也在其後20多年間迅速增長至1億美元。

別人貪婪我沽貨

1968年，鄧普頓爵士把公司改名為Templeton Damroth，並於同年在巴哈馬的拿索（Nassau）創立了現今全球最大、最成功的鄧普頓基金集團。直至1992年，他把鄧普頓基金賣給富蘭克林集團（Franklin），並開始淡出其基金經理的生涯。在這25年間，集團的旗艦基金鄧普頓增長基金（Templeton Growth Fund），錄得2584%（連股息）的驚人升幅（參見圖1），而年度化回報亦高達14.0%，大幅跑贏同期標普500指數只有6.3%的回報，足見鄧普頓非凡的投資功力和成就。

鄧普頓爵士雖然於2008年7月8日逝世，然而其顛撲不破的投資選股方法，筆者認為對現今的投資者仍有莫大裨益。

鄧普頓爵士是一個典型的價值投資者。他在Investing the Templeton Way一書中總結投資生涯，一個最重要的原則就是：「趁別人垂頭喪氣賣出的時候買進，趁別人貪得無厭大買時沽出，這需要堅強的意志，卻終有極大的回報。」

鄧普頓爵士歸納過去的投資經驗，認為以遠低於內含價值（Intrinsic worth）的價格買入股票，投資回報最高；因此，他在整個投資生涯中，都在世界各地尋找最好的便宜股。他認為要買到平價貨，投資者就必須到大眾認為最害怕和最悲觀的地方尋找。

圖1　鄧普頓增長基金大幅跑贏大市

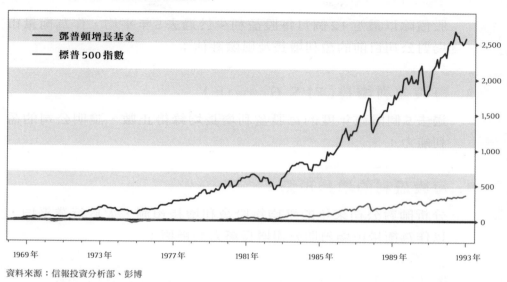

資料來源：信報投資分析部、彭博

當以折扣價格買入未來盈利能力很強的企業，那就代表完成了一個很好的交易。要做這一點的唯一方法，就是別人賣出時買進，但要和主流意見反其道而行，顯然並不容易。

下面介紹的鄧普頓爵士選股方法，主要參考自*AAII Journal*於2001年5月號的文章Screening For Stocks Using The John Templeton Value Approach。作者Kenneth J. Michal從*Lessons From the Legends of Wall Street*及*Money Masters of Our Time*兩本著作中有關鄧普頓爵士的投資心法，歸納出以下選股準則：

1. 市盈率（P/E）

股價除以最近12個月每股盈利少於過去5年平均，作為衡量市場對公司目前的盈利增長及風險評估；

2. 每股盈利增長（EPS Growth）

過去5個財政年度的每股盈利增長均錄得正數，證明公司的盈利能力；

3. 每股盈利的增長預測

分析師對公司來年的平均每股盈利增長預測，大於行業平均，以作為衡量市場預期公司增長潛力的指標；

4. 過去12個月的經營溢利率（Operating Margin）

計算公司的經營溢利除以過去12個月的總營業額，得出的經營溢利率（即收入扣除經營開支後的溢利百分比）需大於行業平均；

5. 總負債對資產比率（Total Liabilities/ Total Assets）

將短期負債加長期負債除以總資產，需低於行業平均，以衡量公司的財務風險，以及量度公司多少資產來自負債。

為此，筆者針對上述 5 點進行量化，得出以下選股準則：

1. **現在市盈率低於或等於過去 5 年平均市盈率；**
2. **過去 5 年每股盈利增長率均大於 0；**
3. **每股盈利的增長預測高於行業平均；**
4. **過去 12 個月的經營溢利率高於行業平均；**
5. **負債比率低於行業平均。**

在上述 5 個選股標準中，符合 1 個得 1 分，即總分達 5 分便及格。

筆者以 2014 年年底的資料，將上述準則套用於港股約 1700 隻股份，結果發現共 14 間上市企業符合標準，即總分獲得 5 分，包括惠理集團（00806）等（參見表 1），反映這些企業似乎有機會被市場低估，並有望在來年出現不俗的升幅。

在負回報股中尋寶

此外，筆者發現名單內的 14 間企業，多為一些年初至今仍錄得負回報，以及股價較其每股賬面淨值（Book value）出現大幅折讓的公司，如創興銀行（01111）、新世界百貨中國（00825）及恒隆地產（00101）等。

表 1　符合鄧普頓投資法的港股

股票代號	股票名稱	所屬板塊	收市價 （12月9日；元）	市盈率（倍）	
				現在	5年平均
00696	中國民航信息網絡	航空	7.620	11.2	12.9
00694	北京首都機場	航空	5.880	15.1	26.8
01111	創興銀行	銀行	16.760	2.8	19.8
01313	華潤水泥控股	建築	5.060	8.0	12.4
00914	安徽海螺	建築	27.050	9.5	16.0
00743	亞洲水泥中國	建築	4.440	5.6	8.6
00806	惠理集團	金融服務	6.540	22.4	26.5
00605	中國金融投資管理	金融服務	0.550	7.0	22.2
00101	恒隆地產	地產	21.700	13.0	17.3
00010	恒隆集團	地產	35.650	10.2	12.9
00825	新世界百貨中國	零售/貿易	2.500	8.3	13.0
01234	中國利郎	製造	5.170	9.7	14.2
00738	萊爾斯丹	製造	3.400	7.4	10.1
00735	中國電力新能源	公用事業	0.485	18.1	18.8

資料來源：信報投資分析部、彭博；截至 2014 年 12 月

5年每股盈利增長(%)	盈利增長預測(%)		12個月經營利潤率(%)		負債比率(%)		總分
	公司	行業平均	公司	行業平均	公司	行業平均	
27.5	4.1	3.4	22.4	17.8	16.5	60.7	5
55.9	4.5	3.4	30.1	17.8	50.4	60.7	5
168.4	385.9	18.3	75.4	47.1	90.9	92.7	5
49.8	34.4	15.9	20.6	-40.9	53.2	57.4	5
63.6	24.9	15.9	28.6	-40.9	37.3	57.4	5
74.4	33.6	15.9	16.9	-40.9	45.4	57.4	5
764.9	37.9	12.8	46.6	43.2	8.2	49.5	5
161.7	29.9	12.8	82.7	43.2	25.5	49.5	5
264.4	29.5	17.0	66.7	25.2	28.0	54.4	5
186.8	48.4	17.0	66.7	25.2	31.4	54.4	5
1.3	14.5	8.4	16.5	10.4	49.4	51.7	5
18.2	5.8	1.3	21.7	12.4	28.2	31.8	5
24.1	22.0	1.3	13.7	12.4	19.4	31.8	5
44.1	31.8	18.7	29.9	25.5	57.2	59.1	5

事實上，牛市在市場處於悲觀情緒下誕生，並在一片疑慮聲中成長，接著在眾人樂觀的情緒下成熟，最後在所有人亢奮狂喜時死亡。在極度悲觀的情緒瀰漫時，正是入市的最好良機；市場處於極度樂觀時，亦正是賣出的最好良機。從歷史及數據上看，挫折總是短暫，亦證明了鄧普頓爵士的投資理念為何至今仍然有效。

最後，還是再強調：投資者必須注意，股票的篩選只是一個開始；在決定投資前，對個別公司作進一步的仔細研究仍然是不可或缺。`

「買入便宜的好公司」，即找出「廉價」但同時取得高回報率的「好公司」。

7

跟「神奇公式」
跑贏大市

葛林布雷

如果聽到有條「神奇公式」可助你跑贏大市，大家大概會嗤之以鼻，不過「神奇公式」並不是甚麼騙局，更可能帶來亮麗回報。

「神奇公式（Magic Formula）」由哥倫比亞大學商學院教授葛林布雷（Joel Greenblatt）創立，年度化回報率高達23.8%（參見表 1），相當驚人。事實上，葛林布雷在其著作《打敗大市的獲利公式》（*The Little Book that Beats the Market*）一書中，提出運用「神奇公式」來建立投資組合，便可以輕易跑贏大市。

「神奇公式」主要用下列兩個核心指標作投資決策（篩選）：

1. 盈利收益率（*Earnings Yield*）
2. 資本回報率（*Return on Capital*）

表1 「神奇公式」大幅跑贏標普500指數

年份	年度表現(%)		跑輸/跑贏大市（百分點）
	神奇公式	標普500指數	
1988	27.1	16.6	10.5
1989	44.6	31.7	12.9
1990	1.7	-3.1	4.8
1991	70.6	30.5	40.1
1992	32.4	7.6	24.8
1993	17.2	10.1	7.1
1994	22.0	1.3	20.7
1995	34.0	37.6	-3.6
1996	17.3	23.0	-5.7
1997	40.4	33.4	7.0
1998	25.5	28.6	-3.1
1999	53.0	21.0	32.0
2000	7.9	-9.1	17.0
2001	69.6	-11.9	81.5
2002	-4.0	-22.1	18.1
2003	79.9	28.7	51.2
2004	19.3	10.9	8.4
2005	11.1	4.9	6.2
2006	28.5	15.8	12.7
2007	-8.8	5.5	-14.3
2008	-39.3	-37.0	-2.3
2009	42.9	26.5	16.4
總回報	10,792.2	644.5	10,147.7
年度化回報	23.8	9.6	14.2

資料來源：信報投資分析部、*The Little Book that Still Beats the Market*

從這兩大指標可見，「神奇公式」內其實沒有「神奇」的算術作為篩選股份的公式。反之，過去大量的學術研究發現「價值型」投資（Value investing）策略，如買入低市盈率（P/E）的股份可以跑贏市場的平均水平。故此，「神奇公式」就是價值投資的原則：「買入便宜的好公司」，即找出「廉價」但同時取得高回報率的「好公司」，再透過一些輕微的會計調整，從而利用以上比率，以更準確的方式作出跨企業比較。

公式當中的兩個元素，盈利收益率是用來分析股票的估值；當股票被嚴重低估時，收益率就會飆升，投資者在此時買入股票的潛在回報就會相對較高。資本回報率則是用來判斷管理層運用公司資產的經營能力；當然，買入經營能力好的公司，投資回報自然較高。

尋找廉價好公司

根據《打敗大市的獲利公式》一書，葛林布雷投資美股而建構的「神奇公式」的條件及投資流程如下：

1. 投資市值大於 5000 萬美元或以上的企業；
2. 排除公用事業及金融類股份；
3. 排除外國公司；
4. 計算上市公司的盈利收益率（Earnings Yield）；
5. 計算上市公司的資本回報率（Return on Capital）；

6. 根據最高盈利收益率及資本回報率作為排名；
7. 投資在排名最高的20至30家企業以建立投資組合；
8. 每年重組投資組合；
9. 長期重複以上過程。

你或許會問，單看兩個財務指標來作投資決定會不會太兒戲（尤其相對其他大師篩選準則），有沒有可能導致判斷失誤？答案是肯定的。因此，為了避開個股判斷錯誤或者意外風險，投資者還是要盡可能分散投資組合，以減低失敗的風險。

為了驗證一下「神奇公式」究竟有多神奇，筆者嘗試將書中的篩選方法[1]，套用於港股約1700多隻股份上，並作回溯測試（Backtest），具體選股準則如下：

1. 市值方面會先分兩組，分別為策略一（所有股票）及策略二（市值10億港元或以上的股票）；
2. 撇除所有金融股及公用事業股；
3. 不包括海外公司；
4. 選出首10間盈利收益率及資本回報率最高的公司[2]；
5. 把資金平均投入上述10間公司（即每間佔投資組合的10%），並持有1年[3]；
6. 隨後重複一至五項。

圖 1　「神奇公式」應用在港股累計表現

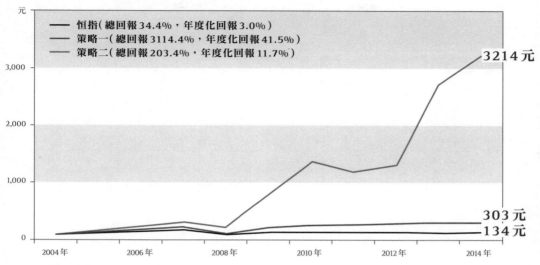

* 假設在 2005 年 4 月 1 日的起始投資為 100 元
資料來源：信報投資分析部、彭博；2015 年 3 月

結果發現，「神奇公式」的確神奇，在過去 10 年間（2005 年 4 月 1 日
至 2015 年的 3 月 20 日），策略一及策略二的累積升幅居然分別高達
3114% 及 203%，年度化回報高達 41.5% 及 11.7%！相比之下，恒
指同期累積升幅只有 34.4%，年度化為 3.0%（詳見圖 1）。「神奇公
式」按年表現則可見表 2。須補充的是，由於 2014 及 2015 年篩選
出來的股份，首 10 間市值均高於 10 億元以上，故策略一和二的名
單沒有差別。

然而，筆者在過去的篩選結果內發現，若從具體應用及操作上再作出
修訂或改良，無論回報（Return）及風險（Risk）都能夠進一步優化。

表 2　港版「神奇公式」歷年表現

年份	年度表現（%）		
	恒指	策略一	策略二
2005	12.52	82.17	32.34
2006	22.99	26.79	28.15
2007	13.06	28.32	22.38
2008	-50.67	-23.21	-52.87
2009	62.58	236.96	125.54
2010	7.81	78.15	19.91
2011	-13.15	-13.03	1.20
2012	5.76	9.36	8.34
2013	-5.42	109.61	6.45
2014	14.35	18.02	-1.75

資料來源：信報投資分析部、彭博

從表3的2014年第一輪篩選結果發現，半新股（上市日子少於兩年）的數目比例相對不少，於2015年的第一輪篩選結果上亦見相同情況（**表4**）；而半新股的其中一個最大風險是，其歷史股價供參考的時段較短，即走勢無跡可尋，而且其表現往往非常波動，個別入圍的股份，其按年最大跌幅（Maximum Drawdown）更高達90.0%。

事實上，由於不少半新股在上市前的業績都有可能被人為地刻意「灌水」，令上市公司能夠以較高估值出售股份（上市）；而「充滿水分」的收入和盈利令半新股的財務數據出現偏好的情況，令相關股份容易出現於篩選結果之內；惟不少半新股「優異」的業績容易忽然走樣，結果往往造成股價大幅波動。

表3　2014年第一輪篩選結果

股票代號	股票名稱	收市價(元)		變動(％)	變動*(％)
		2014年4月1日	2015年3月31日		
00153	中國賽特	0.95	0.69	-27.37	-20.00
01370	恒實礦業	2.60	2.39	-8.08	-8.08
00635	彩星集團	10.62	7.91	-25.52	-25.52
02283	東江集團控股	1.15	1.98	72.17	72.17
02030	卡賓服飾	2.25	3.30	46.67	46.67
01803	瀚洋物流	1.24	0.74	-40.32	-20.00
01819	富貴鳥	8.50	16.48	93.88	93.88
03966 (2015年8月轉主板)	馬仕達國際	0.54	0.85	57.41	57.41
02211	大健康國際 (2015年7月改名)	2.65	2.98	12.45	12.45
03386	東鵬控股	2.65	3.00	13.21	13.21
平均回報				19.45	22.22

*加入止蝕後的回報率
資料來源：信報投資分析部、彭博

有見於此，筆者進行第二輪篩選，並從所有篩選股份中剔除上市少於兩年的股份。

從表5第二輪篩選結果可見，股份出現按年的最大跌幅出現明顯收窄；其次，2014年第二輪篩選結果的按年回報大幅提高至25.1%，較同年第一輪篩選結果的按年回報19.5%高出5.7個百分點。而2015年第二輪篩選結果則見表6。

表4　2015年第一輪篩選結果

股票代號	股票名稱	所屬板塊	總市值 （億元）	上市年期 （年）	資本回報率 （%）	盈利收益率 （%）
00153	中國賽特	建築	11	1.4	37.4	207.4
02030	卡賓服飾	零售/貿易	23	1.4	44.3	18.1
02399	中國虎都控股	製造業	21	0.7	32.5	25.1
03386	東鵬控股股份	建築	38	1.3	28.6	25.4
02211	大健康國際 （2015年7月改名）	醫療保健	59	1.3	36.5	17.6
00623	中視金橋	媒體	21	6.7	23.1	37.7
01418	盛諾集團	工業	13	0.7	29.1	19.5
01008	貴聯控股	工業	22	6.0	39.1	14.9
02229	長港敦信實業	工業	11	0.8	21.8	63.1
00382	威靈控股	電子	42	21.3	22.8	38.6

資料來源：信報投資分析部、彭博

善用止蝕　提高回報

然而，在現實的投資世界裡沒有「必勝」的篩選方法；事實上，投資理財要立於不敗之地，就必須善用止蝕。對於很多投資者而言，曹 Sir 曹仁超的投資名言「止蝕不止賺」必定不會陌生；任何投資只要損失 10% 至 15%，就必須止蝕。

表5　2014年第二輪篩選結果

股票代號	股票名稱	收市價(元)		變動 (%)	變動* (%)
		2014年4月1日	2015年3月31日		
01803	瀚洋物流	1.57	0.74	-40.32	-20.00
03966 (2015年5月轉主板)	馬仕達國際	0.56	0.85	57.41	57.41
01335	順泰控股	1.66	5.25	216.27	216.27
01237	美麗家園	0.79	0.66	-16.46	-16.46
01023	時代集團控股	4.41	4.95	12.24	12.24
01699	普甜食品	1.02	1.16	13.73	13.73
01127	匯星印刷	0.98	1.08	10.20	10.20
00550	先傳媒	1.59	1.62	1.82	1.82
00837	譚木匠	4.61	4.45	-3.47	-3.47
00863 (2015年9月轉主板)	品牌中國	3.20	3.20	0.00	0.00
平均回報				25.14	27.12

*加入止蝕後的回報率
資料來源：信報投資分析部、彭博

若把「止蝕」的邏輯應用於「神奇公式」的實際操作下又會如何呢？
根據歷年的按年最大跌幅統計，我們先把執行「止蝕」的百分比定於
20%。從表3執行止蝕一欄可見，2014年第一輪篩選結果的按年回
報可提高2個百分點，至22.2%；而從表5止蝕一欄可見，2014年
第二輪篩選結果的按年回報亦提高了2個百分點，至27.1%；足見
執行止蝕的確有助提高投資組合的回報。

表 6　2015 年第二輪篩選結果

股票代號	股票名稱	所屬板塊	總市值（億元）	上市年期（年）	資本回報率（%）	盈利收益率（%）
00623	中視金橋	媒體	21	6.7	23.1	37.7
01008	貴聯控股	工業	22	6.0	39.1	14.9
00382	威靈控股	電子	42	21.3	22.8	38.6
00880	澳博控股	酒店/消閒	581	6.7	27.7	19.8
00815	中國白銀集團	金屬	26	2.3	29.1	17.2
00099	王氏國際	電子	14	31.3	29.5	16.8
00152	深圳國際	基建	222	42.5	37.7	12.2
01127	匯星印刷	工業	8	3.7	24.2	17.8
00467	聯合能源集團	石油化工	141	23.0	29.4	14.2
00509	世紀陽光	農業	19	11.1	20.7	23.6

資料來源：信報投資分析部、彭博

總結而言，由於 2015 年度篩選結果中的首 10 家企業，市值均高於 10 億港元，因此策略一及策略二的股份名單沒有差別。此外，觀乎近年篩選結果內出現多家上市年期不足兩年的公司（即半新股），而這類股份的投資風險較大；同時，筆者透過刪除半新股及加入止蝕後，從歷年的結果來看，回報與風險均有所改善，表 6 為 2015 年加

入了優化後的篩選名單供參考。就這篩選新名單（策略1），可瀏覽：
http://stock360.hkej.com/StockScreener。

最後，金融市場的短期波動幾乎是不可預測的；而根據「神奇公式」
作者對投資者的建議，要利用公式達到預期的投資結果，投資者最
少要重複整個投資流程3年或以上。

當然，誰也不能保證，到這時候投資者一定會看到預期的效果，但
多年的成功投資經驗和金融常識使筆者相信，「神奇公式」確是一個
長期投資的聰明辦法。

註解

1. 由於技術上的關係，部分書中提及的篩選方法難以執行（如第7點，要求每兩至三個月買入5至7
    隻股票），為此筆者作出了一些修訂。
2. 先把收益率按大至小次序排列，並給予特定分數（如第一名得1分，如此類推），之後同樣以資本
    回報率由大至小次列出，再打分；兩項分數相加後，得分最小（即兩項準則均擁有較高名次）的首
    10間公司就是當年10大最佳股票。
3. 由於一般本地上市公司的業績期多在3月底，因此，筆者假設每年的4月1日起買入首10間最佳
    公司，並持有至翌年的3月31日，周而復始。

増長型
投資法
2

與一些行內人如競爭對手、供應商、客戶等不同角色了解產業的情況，同時透過交叉對比「閒聊」間獲得的資訊，從而歸納出投資對象在行業中的強弱優勢。

8

費雪策略
物色潛力股

費雪

前文提過，價值投資之父格拉罕（Benjamin Graham）是「股神」畢非德的老師，但畢非德也曾經說過：「我的投資方法，85%來自格拉罕，15%來自費雪（Philip Fisher）。」為此，筆者嘗試以費雪的選股策略，探討港股的投資機會。

費雪在1928年展開其證券分析事業生涯，1931年創立投資顧問公司Fisher & Company，被視為現代最具影響力的投資專家之一。他於1958年出版《非常潛力股》（*Common Stocks and Uncommon Profits*），廣受華爾街推崇。

費雪於1999年才正式退休，當時已屆91歲高齡，但據報仍為其客戶帶來非常優異的投資收益。在費雪70多年的投資生涯中，其哲學是投資於管理良好、優質的增長型企業，並作為長線持有。

圖 1　摩托羅拉股份走勢

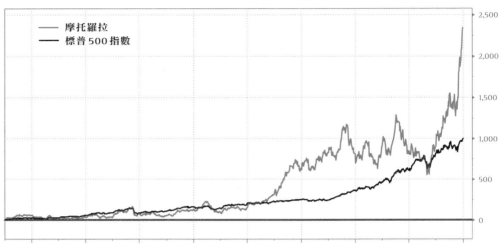

1983年 1984年 1985年 1986年 1987年 1988年 1989年 1990年 1991年 1992年 1993年 1994年 1995年 1996年 1997年 1998年 1999年 2000年
資料來源：信報投資分析部、彭博

其中，費雪於2004年去世後，仍持有21年前購入的摩托羅拉（Motorola）股份，對比同期標普500指數的9倍升幅，摩托羅拉期間曾升值超逾23倍（參見圖1）。

閒聊間了解行業優勢

費雪在《非常潛力股》一書中，提到15個發掘增長股的要點，以及如何利用「閒聊法」（Scuttlebutt）找出對評估公司有用的訊息。那麼，「閒聊法」到底是甚麼？

費雪認為在投資之前，除了閱讀相關公司的財務報表外，應該與一些行內人如競爭對手、供應商、客戶等不同角色了解產業的情況，同時透過交叉對比「閒聊」間獲得的資訊，從而歸納出投資對象在行業中的強弱優勢。

書中提及選股的15個要點如下：

1. 公司的產品或服務是否具有龐大的市場潛力，即至少未來幾年內的收入能否出現大幅增長？
2. 管理層是否具有足夠決心開發新產品，尤其在目前尚有吸引力的產品生產線被利用殆盡之際，能否進一步提高總銷售潛力？
3. 與目前公司的規模相比，公司的研發能力是否具有效率？
4. 公司是否擁有具效率的銷售團隊？
5. 公司的利潤率高不高？
6. 公司做了甚麼決策，維持或改善利潤率？

7. 公司的勞資和人事關係是否很好？
8. 公司高級管理層之間的關係是否融洽？
9. 公司的管理層深度夠不夠？還是過於依賴個別關鍵人士獨撐大局？
10. 公司的成本分析和會計記錄做得好不好？
11. 從公司的不同經營層面上，是否具有行業上較為獨特的地方，從而令投資者能夠獲得重要的線索，得出相對於其他競爭同業的優勢？
12. 公司有沒有短期或長期的盈利展望？
13. 在可見的未來，公司是否會因為大肆擴展而必須發行大量股票，進行股本融資，從而令流通股本大幅增加，導致現有持股人的利益受損？
14. 管理層是否只向投資者報喜不報憂？
15. 管理層的誠信正直態度是否毋庸置疑？

選股策略方面，費雪認為最大的投資回報不是來自購買被低估的股票，因為即使被低估50%的股票，股價回歸至合理值（Fair market value）也最多只能上升一倍而已。相反，他從一些在銷售額和盈利增長方面能夠長期高於整體市場的企業，卻獲得更高回報。

此外，費雪認為由於風險與回報不成比例，因此亦會避免投資一些由於周期性事件、或一次性因素而出現的短期盈利增長企業。

為此，筆者針對上述幾點來進行量化，得出以下選股準則：

1. **公司收入過去5年的複合年增長率（CAGR）高於市場中位數；**
2. **公司收入連續2年錄得增長；**
3. **淨利潤率（Net Margin）高於市場中位數；**
4. **市盈率與增長比率（PEG Ratio）低於0.5。**

筆者在2015年中，以港股內近1700隻股份套用於上述準則，結果發現共79間上市企業（約佔檢查範圍的4.4%）符合標準。然而在上述結果中，大部分多為一些創業板或市值較小的公司，為「安全」起見，我們加入了第5項準則——**總市值高於或等於50億元**，故最終通過是次篩選的股份數目收窄至38間。

切勿過度分散投資

此外，費雪強調不要過度分散投資（最多20隻），他認為人的精力總是有限，過於分散將令投資者買入很多並沒有充分了解的股票。因此，筆者僅列出整體評分最佳的20隻股份[1]，供讀者參考（參見表1）。

表 1　符合篩選準則的公司

股票代號	股票名稱	所屬板塊	總市值（億元）	過去5年公司收入CAGR（%）	淨利潤率（%）	市盈增長比率
00105	凱聯國際酒店	地產	86	354.97	130.10	0.06
01668	華南城	地產	221	126.81	25.35	0.26
00717	英皇證券	金融服務	57	46.10	50.90	0.32
00848	茂業國際	零售／貿易	94	20.01	50.41	0.10
00998	中信銀行	銀行	3920	31.03	32.71	0.30
01385	上海復旦	科技	57	21.30	21.44	0.08
01988	民生銀行	銀行	3829	31.07	26.26	0.29
00071	美麗華酒店	酒店／消閒	87	14.11	36.51	0.02
00570	中國中藥	醫療保健	278	35.42	15.72	0.26
01136	台泥國際	建築	121	28.31	14.57	0.10
00590	六福集團	零售／貿易	131	37.15	10.67	0.19
03618	重慶農村商業銀行	銀行	578	30.48	32.79	0.31
00054	合和實業	綜合企業	247	16.67	111.53	0.23
00014	希慎興業	地產	371	13.92	123.71	0.19
02333	長城汽車	汽車	1465	37.22	12.47	0.30
00035	遠東控股	地產	73	18.60	13.84	0.07
03918	金界控股	酒店／消閒	135	27.98	32.10	0.34
03968	招商銀行	銀行	5698	29.06	30.24	0.36
00384	中國燃氣	公用事業	683	32.69	10.78	0.30
02202	萬科	地產	1893	24.55	11.41	0.25

資料來源：信報投資分析部、彭博；截至 2015 年 6 月

從上述結果來看，該20隻股票大致可歸納於12個不同板塊，分別是地產（25%）、銀行（20%）、酒店／消閒（10%）、零售／貿易（10%），以及各佔5%的建築、公用事業、金融服務、科技、綜合企業、汽車和醫療保健。

然而，筆者的篩選條件中，並未反映出所有費雪認為選股時要注意的「質量」因素，例如管理團隊之間是否具有誠信及良好工作關係等；而這些難以量化的條件，就需要讀者作進一步研究了。

不過，個別行業如銀行、汽車、地產、酒店、零售等，其實都非常容易透過閒聊法，甚至是親身體驗來找出相關企業的有用資訊。

至於賣出的時機方面，費雪認為需要沽出股票的時候包括：（1）當買入後發現錯誤，例如公司的實際狀況並不如原先估計的美好，或者每況愈下；（2）看到成長潛力更好的企業；（3）無法再通過前述的15點測試。

總括而言，費雪認為市場的效率不高，但由於受市場的氣氛和潮流影響，令市場價格和實際價值之間的關係產生嚴重扭曲，加上情緒轉變，令市場價格由一個極端走向另一個極端。

若要投資成功，投資者就必須能夠從眾多市場雜音中，了解實際情況；不要盲目接受或拒絕市場的看法，必須學習了解，訓練良好的判斷力，並有足夠勇氣根據自己的信念行事。

投資於成長型股票的回報是巨大的，但分析出錯時的懲罰也同樣大。不過，費雪認為投資時犯錯是無可避免的，長期成功的關鍵是靠投資者努力不懈地做好功課，盡快承認錯誤，並學習如何防止重蹈覆轍。

註解

1. 先把過去5年公司收入複合年增長率按大至小次序排列，如第一名得1分，最差得分愈多，其後，將淨利潤率及市盈增長比率同樣由大至小排列，然後再打分；3項分數相加後，得出分數最小（即3項準則均擁有較高名次）的首20間公司。

核心的重點包括：(1)以技術面作為選擇時機；(2)以基本面作為選股的條件；(3)配合人性的投資心理，作為篩選出增長型股票的技巧。

9

奧尼爾7大準則 發掘增長股

奧尼爾

奧尼爾（William J. O'Neil）為美國知名的增長型投資大師，其投資經驗長達40多年，他早年在哈佛大學研究期間，針對美國史上升幅最大的股票所具有的特性，發展出著名的CANSLIM選股法則。

隨後，他以CANSLIM進行實際投資，創下在26個月內大賺20倍的驚人紀錄。1963年，年僅30歲的他創立投資公司William O'Neil & Co. Inc.，並買下紐約證券交易所的交易席位，創下擁有該席位的最年輕紀錄。

此外，他於1984年創辦的 *Investor's Business Daily*，為現時唯一可以與《華爾街日報》（*The Wall Street Journal*）媲美的投資日報。目前，其投資公司已成為全球主要基金經理最喜愛的投資顧問公司之一，有逾600名基金經理聽取奧尼爾的投資建議，對投資市場舉足輕重。

奧尼爾於 1988 年出版 *How to Make Money in Stocks: A Winning System in Good Times or Bad* 一書，成為當年度全美最暢銷的投資類書籍，至今累積售出達 100 萬本以上。

書中其中一個案例是戴爾電腦（Dell）。從戴爾 1995 年 7 月至 1997 年 12 月的股價圖可見（參見圖 1），1996 年 7 月為第一個買入點（買入價約 1.7 美元），然後是 1996 年 11 月的買入點（買入價約 2.8 美元）。

之後，股價便一直升至 12 美元以上，升幅逾 400%。像戴爾這類成長型股份，該如何發掘及有關買賣重點，在奧尼爾書中都有詳盡說明。

奧尼爾「CANSLIM」選股

具體來說，奧尼爾針對美國表現最好的 500 家上市公司，整理出它們於 1953 至 1990 年間的共同特性，發展出 CANSLIM 的投資哲學：

1. C=Current quarterly earnings per share

當季盈利增長率至少 18 至 20%；

2. A=Annual earning

過去5年盈利顯著增長，複合增長率15%至50%或以上；

3. N=New products, New management, New changes, New highs

新產品、新管理層或股價創新高。忘記低價股，因股價低通常有其理由存在；

4. S=Shares outstanding

流通在外股數少或是在合理水平之內；

5. L= Leader or laggard

市場的領導者或落後者；

6. I= Institutional sponsorship

得到專業投資機構的認同；

7. M= Market direction

市場趨勢。

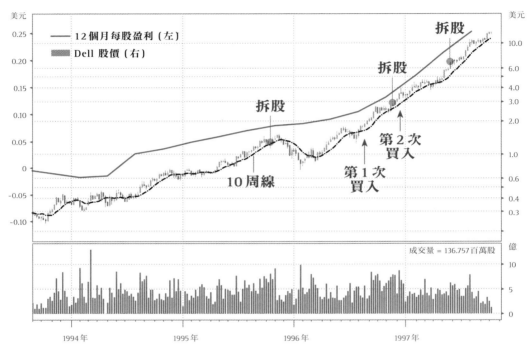

圖 1 戴爾電腦 1993 至 1997 年股價走勢

資料來源　信報投資分析部、彭博

因此，筆者針對上述7點來進行量化，得出以下選股標準：

1. C：當季盈利增長率 ≧ 18%；
2. A：過去5年盈利複合增長率 ≧ 15%，且每年皆為正增長；
3. N：股價 ≧ 最近1年最高價 X 0.9；
4. S：總市值〈市場平均總市值 X 1.2；
5. L：52周RSI ≧ 80；
6. I：持有該股份的基金公司數目 ≧ 10間；
7. M：市場趨勢。

然而，CANSLIM所用的指標中，有小部分無法以量化的方式作篩選，如第7項市場趨勢屬於主觀判斷。由於每個人對市場趨勢的定義及看法不盡相同，因此筆者不在此作出判斷，故上述7個選股標準中，符合1個得1分，總分達6分便及格。

筆者在2014年底，將上述準則套用於滬股通內的568隻股份，結果發現共14間上市企業及格（參見表1），反映這些企業均有望成為高增長股。

表 1　CANSLIM 得分最高的「滬股通」公司（排名不分先後）

股票代號	股票名稱	所屬板塊	收市價 (11月11 日；元)	52周 最高	市值 （億元）	每股 盈利	持有該 股份的 基金數目	52周 RSI	總分
600584	長電科技	電子	11.13	12.36	109.58	0.149	48	82.5	6
600811	東方集團	綜合企業	7.31	7.68	121.84	0.800	32	84.7	6
600312	平高電氣	發電設備	14.68	15.23	166.98	0.608	46	83.8	6
600201	金宇集團	生物製藥	35.39	38.58	101.16	1.228	37	80.8	6
600252	中恒集團	生物製藥	14.05	14.79	153.39	0.840	60	90.1	6
600867	通化東寶	生物製藥	17.03	17.72	175.43	0.215	58	99.4	6
600976	武漢健民	生物製藥	31.23	33.58	47.91	0.770	18	95.8	6
600318	巢東股份	水泥	11.20	11.29	27.10	0.712	12	97.2	6
600761	安徽合力	機械製造	11.71	12.80	72.23	0.969	41	85.4	6
600240	華業資本	房地產	7.19	7.93	102.40	0.480	47	83.3	6
600748	上實發展	房地產	8.50	9.16	92.09	0.703	31	85.7	6
600027	華電國際	公用事業	4.59	4.73	325.43	0.709	64	92.5	6
600167	聯美控股	公用事業	13.51	15.00	28.51	0.830	13	85.2	6
600578	京能電力	公用事業	4.35	4.65	200.85	0.581	16	91.7	6

資料來源：信報投資分析部、彭博；截止 2014 年 11 月

最後，筆者發現在前文提過的畢非德－海格斯壯（The Buffett-Hagstrom Screen）股票篩選方法（放寬條件後）中出現過的京能電力，於是次CANSLIM選股法則中再度現身；換言之，京能電力同時擁有價值投資及高增長概念於一身，投資者不妨花時間重點研究一下該股份的投資價值。

總括而言，奧尼爾利用「CANSLIM」的7個字母，代表了尋找增長型股票的7種特質。當中，核心的重點包括：(1)以技術面作為選擇時機；(2)以基本面作為選股的條件；(3)配合人性的投資心理，作為篩選出增長型股票的技巧。

事實上，內地股市之中，仍有不少正處於高增長期的企業；而滬股通通車後，料將持續吸引海外資金流入，有利內地股市的發展。因此，投資者如能善用以上的選股技巧，應當可以找出不少極具增長潛力的股份。

總結過去多個投資大師的忠
告，若要投資成功，投資者
就必須能夠從眾多市場雜音
中，了解實際情況，不要盲
目接受或拒絕該市場的看法。

10

集各家大成
選股法

筆者介紹過不少投資大師的選股策略，現在嘗試集各家之所長，從價值、財務實力及動力等角度，制定一套自家的選股策略，並套用於港股內約 1700 多隻股份中，看看當中的投資機遇。

熟知南海泡沫（South Sea Bubble）故事的讀者，相信都知道著名物理學家牛頓爵士（Sir Isaac Newton）投資在南海股票上損失慘重；他亦因而慨嘆：「我能準確算出天體的運行，卻無法預測人類的瘋狂行為。」（I can calculate the motions of heavenly bodies, but not the madness of people）。然而，牛頓爵士一生在自然科學的發展上作出了巨大的貢獻，他亦曾說：「如果說我看得比別人更遠，那是因為我站在巨人的肩膀上。（If I have seen farther than others, it is because I was standing on the shoulders of giants）」

表 1　符合(1)至(10)項條件的港股列表

股票代號	股票名稱	所屬板塊	市值(億元)	股東權益回報率(%)	流動比率(倍)	速動比率(倍)	
01038	長江基建集團	基建	1,637.7	13.4	2.0	1.8	
01177	中國生物製藥	醫療保健	461.5	27.6	1.8	1.3	
03898	南車時代電氣	工業	273.7	26.0	2.6	1.6	

資料來源：彭博、信報投資分析部；2015年9月

歸納十大篩選條件

事實上，牛頓爵士在伽利略(Galileo Galilei)、哥白尼(Nicolaus Copernicus)、開普勒(Johannes Kepler)、第谷(Tycho Brahe)等研究成果上再加以發揚光大，最終奠定了萬有引力定律的理論；若沒有這些巨人(中世紀四大天文學家)的耕耘，牛頓爵士的成就或可能因此大打折扣。

回顧前文，筆者曾介紹過格拉罕、鄧普頓、畢非德、彼得‧林治等大師的選股策略，如何站在巨人的肩上，因時制宜調整合適的投資策略，相信是每位投資者的一個重要課題。

借款（現金）淨額股本比率（％）	邊際利潤率（％）	去年盈利增長（％）	核心盈利5年CAGR（％）	營業額5年CAGR（％）	1年相對恒指表現（％）	現價距離250天線（％）
9.4	57.5	177.7	39.5	22.8	42.1	5.8
(33.7)	14.5	46.0	28.4	30.8	53.9	14.4
(13.7)	22.0	63.2	35.6	30.5	109.3	8.3

筆者嘗試糅合各大師的大成，歸納出主導股價走勢的重要因素，主要有三方面，包括價值、財務實力及動力。

故此，在制定選股策略方面，會圍繞這三大範疇篩選股票，藉此尋找股海中的潛力股。當中所選用的篩選準則，將包含股本回報、負債比率和股價表現等元素，而具體的量化準則如下：

1. *股東權益回報率（ROE）高於（或等於）10%；*
2. *流動比率（Current Ratio）高於（或等於）1；*
3. *速動比率（Quick Ratio）高於（或等於）1；*
4. *邊際利潤率（Net Profit Margin）高於（或等於）10%；*

5. 借款（現金）淨額／股本比率低於（或等於）20%；
6. 去年盈利增長高於（或等於）15%；
7. 核心盈利過去5年CAGR高於（或等於）10%；
8. 營業額過去5年CAGR高於（或等於）10%；
9. 年相對恒指表現（RS）為正數；
10. 現價高於250天線。

以上10個篩選條件看似十分簡單，且各項準則均有不少在港上市公司能夠脫穎而出。但事實上，當筆者同時把上述1至10項準則，同時套用在港股約1700多隻股份時，卻發現只有3家企業可以完全符合要求（參見表1），佔整體大市不足1%（嚴格而言只有0.16%）。

僅3家公司上榜

這3家公司來自3個不同行業，分別是屬於工業板塊的南車時代電氣（03898）、醫療保健板塊內的中國生物製藥（01177），以及從事基建的長江基建集團（01038）。事有湊巧，筆者前文重溫股神畢非德的選股方法時（參見第一章），得出唯一一間的篩選結果正是中國生物製藥。

無論如何，一如以往的分析，篩選結果只是研究的開端，讀者宜了解企業過去資產負債表的變化，或配合其他指標，作進一步深入調查。

總結過去多個投資大師的忠告，若要投資成功，投資者就必須能夠從眾多市場雜音中，了解實際情況，不要盲目接受或拒絕該市場的看法。而透過「巨人們」留給我們的選股心法，我們可以較簡單方式（至少可收窄分析範圍），來尋找一些具持續盈利能力，以及擁有良好股本回報率的好公司。

評分型
投資法
3

操縱盈利與財務報表變數之間存在著系統性的關係。因此，M-Score 是專門用來揭露一些涉嫌操縱盈利的高危上市公司。

II
M-Score
預警造假風險

丹尼爾

與十多年前的歐亞農業及格林柯爾相比（兩間公司早已除牌），普遍內地民企的平均質素其實有所提升，但爆出中資企業造假賬的情況仍時有發生，例如被指誇大資產的嘉漢林業，最終在加拿大被除牌，兼被控告有計劃地欺詐及誤導股東。

不過，大多數投資者似乎都是善忘的一群，經常是傷口好了便忘了痛。事實上，被揭發「造假」的企業將直接導致其股價出現洗倉式暴跌甚至除牌，大大增加投資風險。為此，筆者嘗試以M-Score模型評分方法，探討內地上市企業（集中探討滬股通名單）在這方面的潛在風險。

早於1997年，美國會計學系教授丹尼爾（Messod D. Beneish）發表了一個專門用來檢測企業可能存在「操縱盈利」的數學模型，稱為M-Score Model。他對Compustat資料庫中所有公司10年間（1982

至1992年）的數據樣本進行測試，發現操縱盈利與財務報表變數之間存在著系統性的關係。因此，M-Score是專門用來揭露一些涉嫌操縱盈利的高危上市公司。

8大指標　踢爆賬目蠱惑

具體而言，M-Score是通過8個不同的指標，對上市公司的財務數據給予相應分數，分數大於 -1.78（即趨向正數），就表示公司很有可能操縱財務資料；而分數愈高，造假的嫌疑就愈大，反之亦然[1]。以下是M-Score中8個指標的簡介：

1. **應收賬銷售指數**（*Days Receivable Index*，*DSRI*）
   用以判斷年度之間應收賬款和收入是否平衡，因DSRI大幅增加很可能與收入和利潤被高估有關；

2. **資產品質指數**（*Asset Quality Index*，*AQI*）
   非流動資產與總資產的比率，如果AQI大於1，意味該公司有可能加大成本遞延的力度；

3. **折舊指數**（*Depreciation Index*，*DEPI*）
   當DEPI大於1，反映資產折舊的速率降低，公司調高資產的使用年限或採用增加收入的新方法的可能性提高；

4. **總應計負債對總資產比例**（*Total Accruals to Total Assets*，*TATA*）
   用來檢測財務報表中的會計利潤和實現現金利潤的比例。因此，較高或顯著的應計費用（扣除現金）亦反映操縱盈利的可能性將較大；

5. **毛利率指數**（*Gross Margin Index*，*GMI*）
   毛利率縮小對企業前景來說，是個極不利的信號，而前景較差的企業將有較大的誘因作盈利操縱；

6. **銷售增長指數**（*Sales Growth Index*，*SGI*）
   增長並不意味著操縱收益，專業人士認為增長快的公司才更加容易有財務報表欺詐行為，因為公司的財務狀況和資金需求要求經理們完成盈利指標，從而給他們帶來壓力；

7. **銷售及行政開支指數**（*SG & A Expense Index*，*SGAI*）
   用於檢測企業可能在銷售方面提供與公司未來前景負面訊號不相符的資訊；

8. **槓桿指數**（*Leverage Index*，*LVGI*）
   LVGI 大於 1 意味著槓桿較大，同時反映了違反債務契約的誘因大小。

最後，以上述 8 個指標，加入不同的權重，得出個別股份的 M-Score 分數。具體算式如下：

$$M = -4.84 + 0.92 * DSRI + 0.528 * GMI +$$
$$0.404 * AQI + 0.892 * SGI + 0.115 *$$
$$DEPI - 0.172 * SGAI + 4.697 * TATA -$$
$$0.327 * LVGI$$

簡單而言，在 M-Score 模型中，1 至 4 項主要檢測上市公司因為操縱盈利而導致財務報表出現舞弊的行為；5 至 8 則反映企業操縱盈利的傾向性。

接著，筆者在 2014 年尾嘗試以上述方法，計算一下滬股通名單內共 568 隻股份的 M-Score 分數。不過，由於部分內地上市企業上市不久，暫未能獲取完整數據，故是次檢測範圍只有 520 間公司（佔整體比例 92%）。結果顯示，得分高於 -1.78 的企業有 102 間，佔整體比例只有約 20%（參見圖 1）。

滬股通多數板塊「可疑」

此外，筆者還發現在 102 間較為「高危」的企業中，只有環保、酒店旅遊、紡織、服裝鞋類及醫療器械等 5 個板塊沒有出現懷疑個案，而其餘 28 個板塊則測出零星案例。其中，房地產、交通運輸、商業百貨、石油化工、批發貿易及建築建材板塊的情況較為嚴重（參見圖 2）。

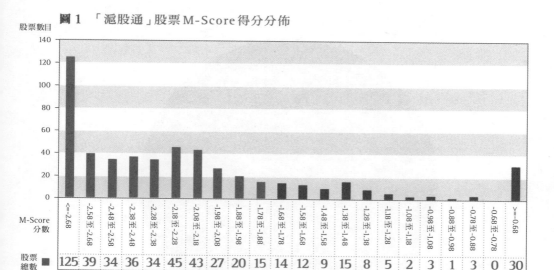

圖1 「滬股通」股票 M-Score 得分分佈

股票數目

M-Score 分數	股票總數
<=-2.68	125
-2.58至-2.68	39
-2.48至-2.58	34
-2.38至-2.48	36
-2.28至-2.38	34
-2.18至-2.28	45
-2.08至-2.18	43
-1.98至-2.08	27
-1.88至-1.98	20
-1.78至-1.88	15
-1.68至-1.78	14
-1.58至-1.68	12
-1.48至-1.58	9
-1.38至-1.48	15
-1.28至-1.38	8
-1.18至-1.28	5
-1.08至-1.18	2
-0.98至-1.08	3
-0.88至-0.98	1
-0.78至-0.88	3
-0.68至-0.78	0
>=-0.68	30

註：深啡柱代表造假機率較高的企業數目（即得分高於-1.78）。
資料來源：信報投資分析部、彭博；截至2014年10月

再進一步看，得分最高（分數高於-0.68）的30間企業中（參見表1），房地產企業佔8間，約佔總數27%。事實上，同屬內房企業兼在港上市的恒大地產（03333），於2012年亦曾被沽空機構Citron發表報告，質疑公司利用不同會計手段，如通過聯營方式隱藏債務，掩飾資不抵債的情況，並以賄賂方式增加土地儲備。當然，恒大立即澄清如此嚴重的指控，主席許家印更直斥報告「純屬造謠」。不過，從行業角度看，內房企業與地方政府及官員有著千絲萬縷的關係，加上財務槓桿普遍偏高，無疑是一個潛在的隱憂。

圖2　造假機率較高的企業板塊分佈

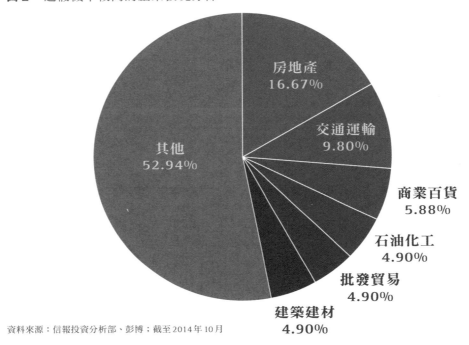

房地產
16.67%

交通運輸
9.80%

商業百貨
5.88%

石油化工
4.90%

批發貿易
4.90%

其他
52.94%

建築建材
4.90%

資料來源：信報投資分析部、彭博；截至 2014 年 10 月

然而，投資者若要利用M-Score模型，有以下數點值得留意：

1. 透過這個模型揭露出的財務資料失真，可能是人為的干預欺詐，當然也有可能是出於其他原因。舉例說，在檢測的時間期間，企業有可能為擴大公司的經營規模，或是改善公司的經營環境，進行重大採購，導致M-Score中的變數有巨大的改變；

2. M-Score模型只能檢測樣本中可能有誇大財務資料的公司，對那些刻意減少和掩藏收入情況的公司就無法檢測；

3. M-Score算式中的概率是跟據當年對Compustat中的企業數據，作出回溯測試後所得的結果（當時成功率有76%）。因此，直接把整套M-Score模型套用於國內企業，未必是一個最理想的檢測做法；
4. 歐美等發達國家與國內的會計制度未盡相同，故上述檢測結果僅供參考。

不熟不買　避免風險

總括而言，隨著中國股市逐步走向國際化，加上監管機構執法水平提升，公司出現造假的可能性亦有所減低。因此，一些有關A股造假的負面形象，或未必反映整個市場的狀況；而通過M-Score模型的測試，可有系統及客觀地篩選一些有較高造假風險的企業。當然，得分較高的企業，並不一定代表其賬目必然會出現問題，除了因為筆者不是企業老總肚裡那條蟲外，亦因M-Score某程度上始終只是一個概率模型。無論如何，相信上述M-Score模型應可為投資者帶出一個警惕性的預警作用。

最後的建議是要避開造假賬的企業，筆者認為方法有三：一、親身了解，做足審查；二、要衡量公司披露的資產價值是否合理；三、不熟不買。

註解

1.　由於M-Score是一個概率模型，因此它不能確保100%的準確性，即統計上存在「第一型錯誤」（Type I error）。

表1　總得分最高的30間「滬股通」企業

股票代號	股票名稱	所屬板塊	M-Score
600246	萬通地產	房地產	54.995
600687	剛泰控股	綜合企業	41.410
600743	華遠地產	房地產	37.368
600622	嘉寶集團	綜合企業	7.302
600376	首開股份	房地產	5.411
600239	雲南城投	房地產	5.240
600675	中華企業	房地產	2.149
600876	洛陽玻璃	玻璃	1.853
603000	人民網	資訊科技	1.706
600747	大連控股	電子	1.217
600858	銀座股份	商業百貨	1.200
600340	華夏幸福	房地產	0.790
600531	豫光金鉛	有色金屬	0.773
600794	保稅科技	交通運輸	0.413
600832	東方明珠	綜合企業	0.177
600280	中央商場	商業百貨	0.121
600545	新疆城建	建築建材	0.085
600667	太極實業	電子	0.031
600350	山東高速	交通運輸	-0.110
600175	美都控股	房地產	-0.176
600125	鐵龍物流	交通運輸	-0.240
600826	蘭生股份	批發貿易	-0.329
603399	新華龍	其他行業	-0.371
600470	六國化工	農業	-0.424
600633	浙報傳媒	媒體	-0.441
600287	江蘇舜天	批發貿易	-0.442
600251	冠農股份	農業	-0.563
600383	金地集團	房地產	-0.566
601666	平煤股份	煤炭	-0.591
600577	精達股份	家電及電器設備	-0.649

資料來源：信報投資分析部、彭博；截至2014年10月

透過個別財務報表的歷史數據，測試及檢視企業在盈利能力(Profitability)、財政實力(Leverage, Liquidity and Source of Funds)和經營效率(Operating Efficiency)三大準則範疇的表現。

12

F-Score
揀財務實力股

皮爾托斯基

揀股時，公司財務實力是不可忽視的一環。F-Score（F分數）正是透過為每隻個股從盈利能力、財政實力和經營效益三大範疇評分，從而揀選出一些財務基本面強的企業來投資。

F-Score全名是Piotroski F-Score，即皮爾托斯基分數，由芝加哥大學教授皮爾托斯基（Joseph D. Piotroski；現為史丹佛大學研究商學院副教授）於2000年提出，是用來篩選基本質素較佳股票的選股策略[1]。

具體來說，F-Score透過個別財務報表的歷史數據，測試及檢視企業在盈利能力（Profitability）、財政實力（Leverage, Liquidity and Source of Funds）和經營效率（Operating Efficiency）三大準則範疇的表現，以及細分9項指標因素作為評分機制，從而評估企業財政狀況的基本面是否健康。以下是F-Score 9項指標因素：

盈利能力

1. 資產回報率（ROA）為正數
2. 經營現金流（CFO）為正數
3. 本年度資產回報率高於前一年
4. 經營現金流高於同期盈利

財政實力

1. 長債佔總資產比率回落
2. 流動比率（Current Ratio）上升
3. 發行股票量沒有增加

經營效率

1. 毛利率上升
2. 資產周轉率（Asset Turnover）上升

這9項指標因素有相同的比重，每項因素若通過，便給予1分（反之0分），將這9項指標得分累加，便得出F-Score評分。換言之，企業在F-Score的得分範圍介乎0至9分，得分愈高的企業，例如8或9分，代表其財務質素的基本面愈佳愈健康；反之亦然。

9大準則　找出健康企業

根據皮爾托斯基教授2000年的論文，利用F-Score篩選方法，買入高得分及沽空低得分股票的投資組合，在1976至1996年的20年間，平均按年回報率高達23%，而同期標普500指數按年升幅為14.5%；換言之，F-Score揀股策略每年平均回報率跑贏標指達8.5%之多（不包括股息）。當然，F-Score揀股策略近年是否仍然有效，有待驗證，尤其在金融海嘯後，股市的表現已被央行量寬政策所扭曲。

至於這個揀股方法套用於港股的表現，我們可以進行回溯測試。在檢視測試結果前，讓我們先就這個測試背後的假設和測試的範圍作以下數點的補充：

1.「存活者偏差」(Survivorship bias)

歷年回溯測試範圍，只集中在「現時」數百隻市值相對較大的恒生綜合指數成分股（即沒有因應每年成分股的轉變，調整數據的總體），這可能令測試結果出現存有「存活者偏差」，只反映了成功存活下來的股份的表現。

2. 股息回報

由於回溯測試的投資策略，是持有或投資 F-Score 評分達 8 至 9 分的股票，並持有翌年才再重整組合，持有股份時間長達一整年之久，故在計算回報率時，理論上不可忽略股息因素。

3. 交易成本

雖然每年透過 F-Score 評分買入的股份數目有限，但交易成本的因素始終存在，也不可以完全被忽視。

4. 沽空困難

撇除本地（散戶）投資者較少進行沽空的因素，即使投資者願意進行沽空，也非一定所有恒生綜合指數成分股可以沽空。

故此，考慮到以上各點，筆者在制定回溯測試的投資策略時，以更貼近現實的背景和假設，檢視 F-Score 揀股策略的成效；具體投資策略如下：

數據範圍方面，筆者只考慮全年業績的數字及財政年結於年底，兼且財務數據齊備，可以計算完整 F-Score 的恒生綜合指數成分股企業[2]。而具體入市、出市策略，則是每年 4 月底根據剛公布的上一個財政年度的營運數據來計算 F-Score，而買入達 8 和 9 評分的「當時」之恒生綜合指數成分股，權重相同，並持有至翌年 4 月底再重整組合；周而復始（即沒有沽空股票）。

另外，在計算組合投資回報時，將會加入該年派發之股息，以及扣減 0.5% 買入及沽出組合股票的交易成本。此外，將以盈富基金（02800）作為基準（benchmark），比對不同 F-Score 評分投資組合的表現。

以下是有關回溯測試的結果：

從不同 F-Score 評分組成的投資組合，按買入日期劃分的隨後一年表現，擁有 8、9 分的組合，在截至 2014 年 4 月底為止的過去 11 年內，有 8 年表現是較盈富基金為佳；而表現跑輸盈富基金的 3 年中，其中一年的差距只是 0.7% 而已。至於與其他 F-Score 投資組合比較，組合有 7 年表現達最佳或次佳（參見圖 1）。

值得留意的是，2013 年 4 月底買入的投資組合之表現，是記錄 2013 年 4 月底至 2014 年 4 月 23 日為止。

高分組合跑贏盈富基金

上升比例方面，若恒生指數隨後一年錄得升幅（即不包括 2008 和 2011 年 4 月買入的兩次），同期 8、9 分投資組合內股份的上升比例達七成或以上的，便有 6 次，是其他組合中最高。其中，2003、2006 和 2009 年 4 月底買入的組合，上升比例更達 100%，即投資組合內所有股份均錄得升幅（參見圖 2）。

圖1　不同F-Score評分組合隨後一年表現

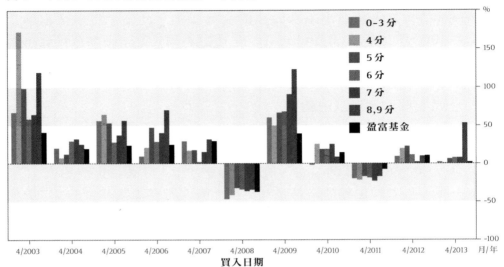

0-3分
4分
5分
6分
7分
8,9分
盈富基金

資料來源：信報分析研究部、彭博；截至2014年4月

圖2　組合內股份上升比例

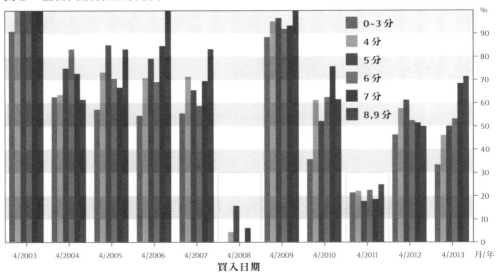

0-3分
4分
5分
6分
7分
8,9分

註：2008年及2011年4月隨後一年，恒生指數均錄得跌幅。
資料來源：信報分析研究部、彭博；截至2014年4月

圖3 不同F-Score股份組合及盈富基金投資組合累計回報

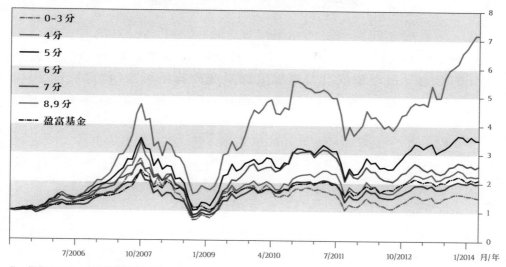

註：假設2005年4月底起始投資金額為1元。
資料來源：信報分析研究部；截至2014年4月

累計表現方面，自2005年4月底至今，投資於8、9分的投資組合，1元的本金可增值至7.1元，即累計升值6.1倍，是其他F-Score評分組合中表現最佳，也遠遠跑贏同期盈富基金只升值1.1倍的表現。順帶一提的是，F-Score最低（即得分0至3分）的投資組合，即由基本面最差的企業組成的投資組合，投資表現是其他組合中表現最差（參見圖3）。

綜觀整體表現，以貼近現實情況的回溯測試結果，可見投資8、9分高F-Score的投資組合，繼續有頗為突出的表現，並且可遠遠跑贏同期基準（盈富基金）走勢。

不過，就高F-Score評分投資組合的表現，有以下3點須留意。

其一，從歷年回溯測試的結果可見，8、9分F-Score的投資組合，只有2010年4月底買入的一次，表現明顯跑輸盈富基金及其他評分的組合；這現象或許受到聯儲局量寬政策所影響（聯儲局於2010年8月暗示及2010年11月正式推出QE2，並於2011年6月30日完成QE2）。

換言之，儘管買入基本面良好的投資組合（高F-Score），在聯儲局大量放水令大部分股份皆升的時期，表現也可能給比下去。

其次，儘管從以上回溯測試結果可見，每年4月底買入8、9分F-Score投資組合的回報，往往可以跑贏其他F-Score組合和盈富基金，惟這只是過去11年回溯測試的結果，歷史記錄略嫌偏少。

買入一籃子股票較穩妥

其三，回溯測試結果是組合的綜合表現，這並不代表加入組合內的每隻股份都可以「跑出」。事實上，以2007年4月底買入的組合為例，該組合的回報率達32%，跑贏同期所有F-Score評分的組合及盈富基金，但組合內的6隻股份中，只有4隻股份升幅逾三成，另外1隻股份只有1.5%似有若無的升幅，有1隻更錄得達49%的跌幅（假設沒有止蝕）！若然在2008年4月，即金融海嘯衝擊最猛烈的一年買入投資組合，組合內所有股票均下跌，而該年的組合回報同樣錄得虧損，達34.4%。

表1　恒生綜合指數成分股F-Score高評分股份

股票代號	股票名稱	所屬領域
00914	安徽海螺水泥	9
01052	越秀交通基建	8
02208	金風科技	8
00347	鞍鋼股份	8
03808	中國重汽	8
01313	華潤水泥控股	8
01136	台泥國際集團	8
00570	中國中藥	8
02238	廣汽集團	8
00152	深圳國際	8
01093	石藥集團	8
00669	創科實業	8
01919	中國遠洋	8
03389	亨得利	8
01618	中國中冶	8

註：跟據2014年全年業績(撇除半新股)。
資料來源：信報投資分析部、彭博

換言之，即使個別股份的F-Score達8、9分，其隨後1年的表現並不代表必升無疑，也可能受到股市大圍環境所影響。故此，投資者若然參考F-Score的投資策略，建議買入所有一籃子達8、9分的股份，或根據這些篩選的股份，再做深入的分析，甚至加入技術走勢分析，增加勝算。

總括而言，F-Score個股評分方法某程度是其中一種有效的工具，過濾及篩選一些基本面較佳的股份，從而進行投資。最後，表1是根據2014年全年業績，篩選出恒生綜合指數成份股F-Score達8至9分的股份（撇除半新股），以供參考。

註解

1.　可參閱皮爾托斯基就皮氏分數的研究原文 Value Investing: The Use of Historical Financial Statement Information to Separate Winners from Losers。網頁：http://www.chicagobooth. edu/research/selectedpapers/sp84.pdf

2.　除個別企業未公布相關財務數字外，由於銀行和保險股份沒有銷售數字，而公用事業股份則沒有邊際利潤財務數字提供，故這三類股份均無法計算完整的F-Score。

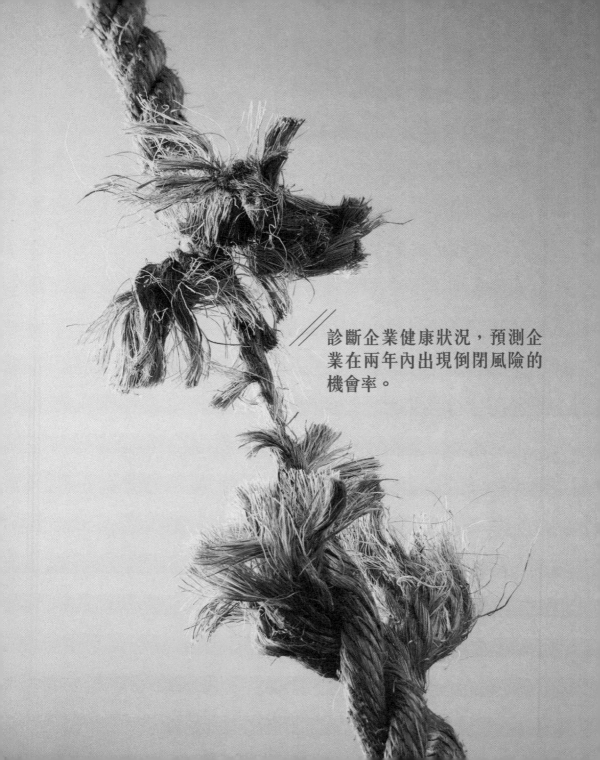

診斷企業健康狀況，預測企業在兩年內出現倒閉風險的機會率。

13

Z-Score
預警企業倒閉風險

阿特曼

除了財務數據造假，坊間也有一些指標預測企業倒閉風險，包括 Altman's Z-Score（阿特曼 Z- 分數）。這是由金融經濟學家兼紐約大學教授阿特曼（Edward Altman）於 1968 年創立，主要用作診斷企業健康狀況，是一個頗為有效的工具，去預測企業在兩年內出現倒閉風險的機會率。根據研究，Altman's Z-Score 預測倒閉的可靠程度高達 72% 至 80%。

Altman's Z-Score 分析倒閉的模型是一個多項因子（Multi-factor model）的程式，並且可以劃分為上市公司及非上市公司計算方法，以下是有關上市企業計算方法：

1. **X1 = 營運資金（Working Capital）/ 有形資產（Tangible Assets）**
   營運資金是一家公司的流動資產（Current Assets）減去流動負債（Current Liabilities）；而營運資金對總資產比率某程度上反映公司的流動性，並可用來衡量公司的償付能力。

2. **X2 = 保留盈利(Retained Earnings)/有形資產**
   保留盈利是一家公司扣除股息後累計的留存收益；保留盈利對有形資產的比率愈低，意味公司依賴借貸及槓桿的程度愈高，並增加了潛在破產的風險。

3. **X3 = 稅前息前盈利(EBIT)/有形資產**
   這是Altman's Z-Score中比例最大的因素。這比率相當於資產回報率(Return of Asset，ROA)，但以息、稅前的溢利作考慮，以評估公司資產的盈利能力。

4. **X4 = 按市場價值計量的股票/總負債**
   一般而言，市值並不是完全基於公司的基本面，但在某程度上，市值大小卻反映了市場對相關企業財務狀況的信心；因此，公司的市值愈高，公司的存活能力也相對較大。

5. **X5 = 銷售/有形資產**
   銷售對有形資產比率(又稱Asset Turnover，資產周轉率)，即每一元的資產能產生多少銷售；比率愈高，意味企業的資產運用效率愈高。

計算Altman's Z-Score的程式如下：

$$\text{Altman's Z-Score} = 1.2 \times [X1] + 1.4 \times [X2] + 3.3 \times [X3] + 0.6 \times [X4] + 0.999 \times [X5]$$

簡而言之，Z-Score 數值愈大，代表出現倒閉的機會率愈低。更精確而言，當數值等於或高於3時，企業於未來兩年出現倒閉的機會不大；數值低於1.81時，出現倒閉的機會存在。至於 Z-Score 介乎1.81至2.99，則代表倒閉的機會率未能確定。

內房風險相對較高

以本地上市的內房企業為例，現時首50家市值最大的內房股，Z-Score 數值介乎0.0至31.75（中位數約1.07；參見圖1）。

撇除剛易主的中泛控股（00715），個別較佳的例子，如行業龍頭中國海外發展（00688）以及高銀地產（00283），其分數亦只是稍微高於1.81的危險線，反映普遍內房企業按此標準的倒閉風險相對較高。

不過，值得留意的是，內房企業會否出現倒閉或違約事件，很大程度還要視乎中央的取態。

若然內房企業出現資金緊絀的情況，也不排除會加快行內的整合（併購）。故此，內房會否出現此（倒閉／違約）最壞情況，還有一定的變數或不確定性。

図1 　首50家市值最大的內房企業

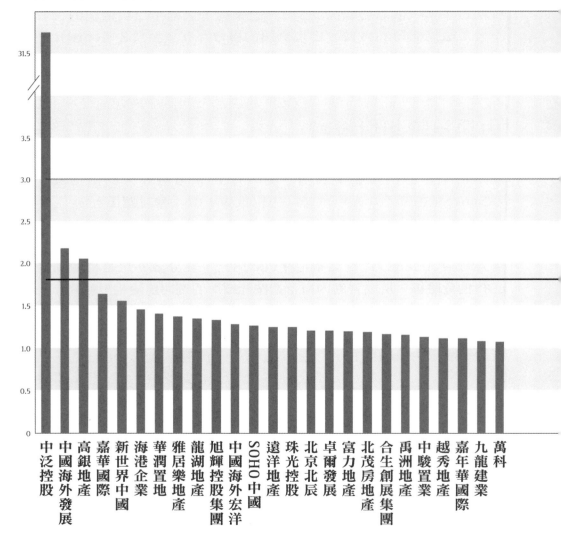

資料來源：信報投資分析部、彭博；截至2015年9月
註：Z-Score低於黑線（1.81）代表倒閉風險機會存在。

新城發展控股
佳兆業集團
天安
金地商置
保利置業集團
綠城中國
碧桂園
融創中國控股
華南城
上實城市開發
招商局置地
方興地產
深圳控股
寶龍地產
合景泰富
萬達酒店發展
首創置業
恒大地產
明發集團
南海控股
瑞安房地產
人和商業
恒盛地產控股
大悅城地產
綠地香港

動力型
投資法
4

找出一些優於大勢的股票來
投資，即尋找強中強。

14

動力投資法
撈「強中強」

德里豪斯

在股票市場內，投資策略和投資哲學不斷演變，其中不少投資者早已放棄價值投資法，理由是在資訊泛濫的年代，網上充斥大量的免費資訊，再加上大行的研究報告，投資者根本不容易得到不為人知的真知灼見，或看到別人看不到的價值；而且金融海嘯後，大市進入有波幅無升幅的漫長上落市，不少人甚至已不再相信 Buy and hold 等較長線的投資策略。

在上落市期間，愈來愈多人傾向相信動力投資法（Momentum Investing），其背後理念其實非常簡單，就是揀選相對強勢（Relative Strength，RS）的股份「擇強而噬」。

跟紅頂白　吸納強勢股

事實上，曹Sir曹仁超先生亦多次提到：「股票市場是賺錢地方，因此絕對要跟紅頂白而非鋤強扶弱，幾時都應吸納強勢股，拋棄弱勢股。」從指標上來說，相對強勢就是要找出一些優於大勢的股票來投資，即尋找強中強。

提到動力投資法，就不得不說說德里豪斯（Richard Driehaus），他被譽為過去100年共同基金行業中最有影響力的25位基金經理之一。他於1982年創立Driehaus Capital Management, Inc.，至2001年3月底管理近40億美元資產；其小型及中型股投資組合，10年平均回報率皆逾20%。

德里豪斯的核心選股策略是根據個股的盈利及股價動力作為主要考慮。值得留意的是，若純粹以股價動力作篩選，有以下4項條件：

1. *剔除流動性較差的個股，例如所有股票市值最低的25%個股；*
2. *過去12個月相對強勢最高的25%股份，即過去1年股價變動率優於恒指同期表現的首25%股份；*
3. *過去6個月相對強勢最高的25%股份；*
4. *過去12個月相對強勢大於3個月RS。*

表 1 符合篩選準則的部分股份（排名不分先後）

股票代號	股票名稱	所屬板塊	總市值（億元）	1 年表現（％）	6 個月表現（％）	3 個月表現（％）
00412	漢基控股	金融服務	208	1130.00	163.10	223.68
00665	海通國際	金融服務	410	229.08	166.90	173.88
00806	惠理集團	金融服務	252	198.66	121.58	113.99
01788	國泰君安國際	金融服務	319	260.01	146.26	148.92
06881	中國銀活	金融服務	470	173.39	87.35	48.66
00136	馬斯葛集團	工業	125	260.82	165.15	180.00
00566	漢能薄膜發電	工業	2920	522.37	288.89	55.21
01250	北控清潔能源（2015 年改名）	工業	156	574.48	643.80	214.69
00283	高銀地產	地產	735	500.58	356.76	379.07
00978	招商局置地	地產	114	164.77	111.82	115.74
01063	新確科技	科技	201	501.81	786.67	383.64
08018	匯財金融投資（2015 年改名）	科技	102	767.80	148.54	158.59
01055	南方航空	航空	200	214.91	122.98	94.05
00390	中國中鐵	建築	429	167.72	104.41	82.80
00530	高銀金融	食品製造	2259	859.94	444.61	200.65
00547	數字王國	媒體	160	1563.27	740.21	767.02
恒生指數				26.78	16.42	14.00

資料來源：信報投資分析部、彭博；截至 2015 年 5 月

2015年5月，港股從高位回吐，步入整固階段，故筆者以港股內約1700多隻股份套用於上述準則，看看哪些強勢股可趁機撈底。結果發現，共90間上市公司符合標準；現列出市值高於100億元的16隻供參考，並列於表1。

然而，由於我們期望找出短期出現回吐的強勢股份，並趁機撈貨。因此，筆者嘗試加入第5個篩選條件：

5. **該月的股價表現為負數，亦即港股調整期間，下跌幅度較高的「強中強」。**

需提防莊家股

結果顯示，共8間上市企業符合上述全部5個標準（參見表2）。不過，有一點讀者亦需要注意，單從股價動力作篩選的缺點是，在牛市之下，不排除會篩選出一些「貨源歸邊」、「財技味濃」的「莊家股」；在貪婪與恐懼之下，投資者若不提高警覺，隨時蒙受巨額損失，故應用此策略時要份外留神。（註：漢能於2015年7月遭證監會強制停止股份買賣後，至今仍復牌無期。）

表 2　加入第 5 個篩選條件後的股份

股票編號	股票名稱	4 月 30 日收市價（元）	5 月 19 日收市價（元）	當月表現（%）
01250	金彩控股	0.99	0.88	-11.11
00978	招商局置地	2.48	2.22	-10.48
00390	中國中鐵	10.92	9.90	-9.34
00665	海通國際	8.65	7.99	-7.63
01063	新確科技	1.38	1.28	-7.25
00806	惠理集團	14.40	13.60	-5.56
00412	漢基控股	1.31	1.24	-5.34
01055	南方航空	7.59	7.34	-3.29
00566	漢能薄膜發電	7.22	7.06	-2.22
恒生指數		28133.00	27407.18	-2.58

資料來源：信報投資分析部、彭博；2015 年 5 月

除了股價動力外，德里豪斯的選股方式亦同樣重視盈利動力
（Earnings Momentum）。德里豪斯強調的盈利動力選股方法，是
集中尋找盈利能力強勁、有持續性的盈利增長，以及有「顯著」盈
利驚喜的上市公司。

在任何情況之下，倘若公司的盈利下滑，都不會成為德里豪斯選擇的對象。當然，假如公司的盈利增長率有改善的話，就會更為理想。另外，他視正面的盈利驚喜作為重要的「催化劑」。

值得注意的是，盈利驚喜可分為兩大類；每當公司的盈利與分析員預期出現偏差時，倘若實際收益高於預期，就是一個正面的「盈利驚喜」；相反，若實際收益低於預期，就是一個負面的「盈利驚嚇」。

業績驚喜 / 驚嚇大不同

此外，倘若分析員對公司盈利預測的範圍較窄，而出現業績驚喜／驚嚇時，對股價的影響程度也會較大；相反，分析員預測的範圍較分散的話，業績驚喜／驚嚇對股價的影響也會較低。一般而言，正面的業績驚喜往往對股價有正面影響，反之亦然。

具體的選股策略方面，根據德里豪斯結合股價及盈利的Momentum作篩選，條件如下：

1. *過去4年的持續經營盈利增長率均大於前一年（例如過去12個月大於前1年，前1年大於前2年，前2年大於前3年，如此類推）；*
2. *出現盈利驚喜，即公司公布的實際盈利高於市場分析師的盈利預測中位數；*

3. 過去4星期的股價變化為正數；

4. 公司過去26個星期的股價變動跑贏基準指數；

5. 公司所屬的板塊，於過去26個星期的股價變動優於大市。

由此路進，筆者於2015年中以全港約1700多隻股份[1]套用於上述
準則，結果發現，截至2015年5月中為止，共12間上市企業符合
標準，詳見表3。就這篩選最新名單，可瀏覽：http://stock360.
hkej.com/StockScreener。

需緊貼市場脈搏

無論如何，動力投資法的關鍵點，就是要留心當賣家多於買家的時
候，勢頭就有可能開始出現消退。因此，在應用動力投資法時，投
資者要無時無刻把握著公司、市場的脈搏，此策略才會有意義。

德里豪斯同時亦提醒投資者，要注意業績公告、盈利警告及盈利預
測的調整，因這些因素都有可能令升勢放緩或令股價水漲船高。當
然，投資者亦要衡量公司的行業前景，以及宏觀的市場環境，這兩
個因素都會影響到公司的投資價值。

註解

1.　筆者難以收集全數「盈利驚喜」的數據，故是次檢測中實際上只有584間公司，其餘的則不包括
　　在本篩選範圍當中。

表3　符合篩選準則的公司（排名不分先後）

股票代號	股票名稱	所屬板塊	每股盈利按年增長		
			2014年（%）	2013年（%）	2012年（%）
02868	首創置業	地產	10.67	36.36	17.02
00688	中國海外發展	地產	25.69	19.96	26.24
00665	海通國際	金融服務	37.24	47.02	65.46
03311	中國建築國際	建築	24.54	24.43	29.64
03898	南車時代電氣	工業	53.38	17.70	3.67
03888	金山軟件	科技	13.60	53.30	31.14
00992	聯想集團	科技	27.42	31.91	67.86
00696	中國民航信息網絡	航空	36.59	5.13	8.33
02357	中航科工	航空	9.16	16.96	36.59
00509	世紀陽光	農業	13.33	76.47	37.84
03393	威勝集團	電子	18.60	22.86	29.63
00698	通達集團	電子	25.33	17.19	18.52
上述12間公司中位數			24.94	23.64	29.63
所有公司中位數（共584間公司）			-5.26	-9.94	-15.78

資料來源：信報投資分析部、彭博；截至2015年5月

盈利驚喜 （%）	4星期股價 變化（%）	26星期股價 RS		總市值（億元）
		公司（%）	行業（%）	
9.21	26.67	124.95	5.75	1.37
5.12	1.21	22.29	5.72	2879
33.96	34.24	163.33	47.14	431
0.34	3.07	5.89	46.43	567
14.03	1.42	75.05	34.01	756
9.45	18.85	66.50	13.36	407
1.28	2.63	9.20	13.36	1475
30.23	13.84	48.87	47.96	424
0.70	9.68	29.81	47.96	465
13.26	93.04	41.27	13.85	48
2.20	9.46	43.14	5.82	124
5.62	20.97	29.30	5.82	82
7.41	11.76	42.20	13.61	427
-1.27	5.77	3.24	5.72	22

若個別股份的成交量於臨近
年底一段時間內出現異動，
這些股份成為翌年領袖股的
機會也相對較高。

15

從異動成交找出領袖股

每年踏入年底，投資者都會開始玩「估領袖」的遊戲，為來年投資作準備和部署。究竟哪些是明年的領袖板塊和領袖股呢？筆者嘗試透過異動成交篩選方法，與讀者探討這課題。

開始之前，我們先要了解一個現象：若要成為新一年的領袖股和板塊，往往早在前一年的第 3 季、第 4 季已有跡可尋，因為大戶和基金經理等往往要花數個月時間收集相關股份；而這些板塊和股份若真的成為領袖，理論上，至少在翌年的上半年便會在股價上反映出來。

大戶下半年開始部署

因此，有機會成為翌年領袖的股份，大部分都被大戶或基金經理於數月前開始逐步收集，而這個收集行動，往往可從其成交量捕捉到。換言之，若個別股份的成交量於臨近年底一段時間內出現異動，這些股份成為翌年領袖股的機會也相對較高。

由此推進，筆者以2014年作為例子，從1700多隻港股中進行測試，篩選準則如下：

1. **市值大於50億元；**
2. **每年9至11月平均成交量相對前8個月有明顯異動（下簡稱「異動股」；由於12月交投相對淡靜，或會扭曲平均成交量，故計算成交比率時不包括12月份數據）；**
3. **9月至11月的3個月內，股價表現為正數（因為成交異動也可能是大戶在散貨中）；**

我們先利用2013年的數據，按此準則進行篩選，看看在2014年首6個月以及2014年全年的表現情況。

從圖1可見（為方便顯示，圖表僅包括成交比率介乎1.6至5倍的股份；成交比率高於5倍的股份則被剔除），儘管並不是所有異動股均可於該年跑贏恒生指數，惟42個異動股中，其後6個月股價表現為正數的有20個，佔總數47.6%，平均回報為23.4%（恒指同期回報為 -0.49%）。

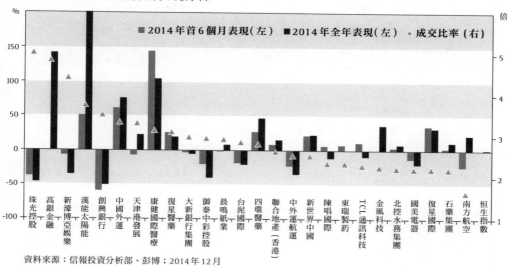

圖1　成交異動股份的表現分佈

■ 2014年首6個月表現（左）　　■ 2014年全年表現（左）　　▲ 成交比率（右）

珠光控股、高銀金融、新濠博亞娛樂、漢能太陽能、創興銀行、中國外運、天津港發展、康健國際醫療、復星醫藥、大新銀行集團、御泰中彩控股、晨鳴紙業、台泥國際、四環醫藥、聯合地產（香港）、中外運航運、新世界中國、陳唱國際、東瑞製藥、TCL通訊科技、金風科技、北控水務集團、國美電器、復星國際、石藥集團、南方航空、恒生指數

資料來源：信報投資分析部、彭博；2014年12月

圖2　成交異動板塊在長線輪動圖表現分佈

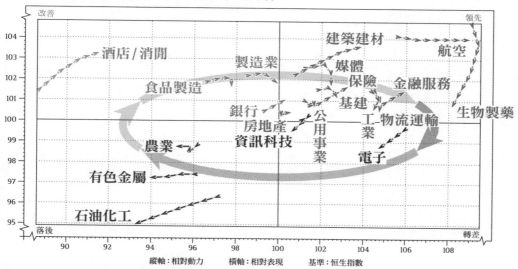

改善　　領先

酒店/消閒、製造業、建築建材、航空、媒體、保險、金融服務、食品製造、基建、銀行、工業、物流運輸、生物製藥、房地產、公用事業、電子、資訊科技、農業、有色金屬、石油化工

落後　　轉差

縱軸：相對動力　　橫軸：相對表現　　基準：恒生指數

資料來源：信報投資分析部、彭博；截至2014年12月

表 1 符合篩選準則的公司（排名不分先後）

股票代號	股票名稱	所屬板塊	成交比率（倍）	總市值（億）	3個月回報（%）	2015上半年表現（%）
08237	華星控股	酒店/消閒	11.55	57.96	174.54	(28.65)
01768	Bracell（2015年1月改名）	石油化工	11.20	83.80	63.33	1.94
00931	中國天然氣	金融服務	11.04	174.79	53.47	4.67
00161	中航國際控股	工業	8.35	54.75	18.51	25.54
01033	中石化油服（2015年3月改名）	石油化工	7.90	277.84	80.23	53.47
01375	中州證券	金融服務	5.59	121.32	88.93	(19.54)
03378	廈門國際港務	物流運輸	5.53	56.98	33.12	57.29
00317	中船防務（2015年5月改名）	工業	5.16	281.21	55.16	28.31
02727	上海電氣	工業	4.54	903.85	28.41	53.27
00670	東方航空	航空	4.14	783.02	46.79	74.46
01618	中國中冶	建築	3.93	651.43	11.76	30.62
00323	馬鋼股份	金屬	3.81	254.73	12.79	15.09
03382	天津港發展	物流運輸	3.76	100.99	27.13	12.88
00827	玖源集團	農業	3.63	65.74	73.79	(60.20)
02880	大連港	物流運輸	3.46	221.33	9.39	37.25
02200	浩沙國際	製造業	3.37	53.28	20.46	20.43
00570	中國中藥	醫療保健	3.08	113.77	23.35	41.07
00345	維他奶國際	食品製造	2.89	116.77	13.54	17.65
01333	中國忠旺控股	金屬	2.86	186.37	3.64	15.70
02211	大健康國際（2015年4月改名）	醫療保健	2.85	59.60	0.34	56.02
01072	東方電氣	工業	2.75	385.31	4.84	1.40

股票代號	股票名稱	所屬板塊	成交比率（倍）	總市值（億）	3個月回報(%)	2015上半年表現(%)
00855	中國水務	公用事業	2.68	59.30	50.55	18.18
00588	北京北辰實業	地產	2.67	141.99	8.80	51.82
01055	南方航空	航空	2.54	503.29	36.36	148.24
00038	一拖股份	工業	2.46	108.99	4.40	6.65
01829	中國機械工程	建築	2.38	225.26	22.70	40.74
00152	深圳國際控股	基建	2.25	210.00	4.13	18.98
01661	智美集團	媒體	2.23	93.16	30.11	35.33
00867	康哲藥業	醫療保健	2.20	311.02	9.34	(15.29)
02866	中海集裝箱運輸	物流運輸	2.18	446.63	3.67	23.67
01031	金利豐金融	金融服務	2.13	112.66	8.14	268.42
00107	四川成渝	基建	2.13	133.98	11.49	2.70
01800	中國交建	建築	2.13	1395.89	28.82	24.33
00165	中國光大控股	金融服務	2.13	294.92	14.38	45.25
01004	中國智慧能源（2015年1月改名）	金融服務	2.12	90.66	7.02	11.97
06881	中國銀河	金融服務	2.11	601.47	38.06	3.80
02006	錦江酒店	酒店／消閒	2.11	157.52	5.60	37.50
02357	中航科工	航空	2.09	284.12	9.73	58.25
00553	南京熊貓	電子	2.07	116.30	4.24	51.67
00308	香港中旅	酒店／消閒	2.04	140.44	2.27	26.77
00546	阜豐集團	食品製造	2.04	82.76	29.93	71.64
00433	北方礦業股份	金屬	2.02	59.77	4.35	(10.26)
01819	富貴鳥	製造業	2.01	50.23	2.07	49.53
00548	深高速	基建	2.01	158.90	6.63	19.54

股票代號	股票名稱	所屬板塊	成交比率（倍）	總市值（億）	3個月回報（%）	2015 上半年表現（%）
00486	俄鋁	金屬	1.94	867.52	43.83	(26.05)
03360	遠東宏信	金融服務	1.93	235.08	10.36	(3.53)
00966	中國太平	保險	1.88	597.36	7.17	25.45
00390	中國中鐵	建築	1.87	1292.13	31.55	31.19
01336	新華保險	保險	1.87	1424.17	22.50	18.26
03823	德普科技	工業	1.86	78.70	42.45	28.52
02328	中國財險	保險	1.86	2145.13	22.08	17.11
87001	匯賢產業信託	地產	1.86	183.83	0.58	0.00
06818	光大銀行	銀行	1.82	2226.08	4.90	10.19
00247	尖沙咀置業	地產	1.79	300.33	0.00	22.69
00350	經緯紡機	工業	1.76	132.67	12.59	13.59
02020	安踏體育	製造業	1.75	405.48	8.41	37.23
00598	中國外運	物流運輸	1.75	254.74	4.34	0.00
01813	合景泰富	地產	1.73	168.52	6.72	23.16
03808	中國重汽	工業	1.72	117.34	4.42	8.08
08058	羅欣藥業	醫療保健	1.68	96.93	24.02	(0.40)
01919	中國遠洋	物流運輸	1.66	625.24	11.71	30.81
00285	比亞迪電子	科技	1.65	192.20	12.68	40.00
01848	中國飛機租賃	航空	1.65	67.13	98.96	(11.13)
00631	三一國際	工業	1.65	56.87	10.00	5.39
00823	領展房地產（2015年8月改名）	地產	1.62	1128.28	5.81	(6.49)
00297	中化化肥	農業	1.61	88.51	5.00	40.16
01308	海豐國際	物流運輸	1.60	108.40	18.55	20.75
01893	中材股份	建築	1.60	67.14	1.08	7.69

資料來源：信報投資分析部、彭博；截至 2015 年 6 月

若一直持有至年底，股價表現為正數的有23個，佔總數54.8%，而平均回報則提高至45.2%（恒指同期回報為1.28%）。換言之，「止蝕不止賺」操作策略下，取強棄弱，以及持有較長時間，回報傾向有相對較佳的表現。

異動愈高　波幅愈高

值得留意的是，成交比率與獲得回報的股份數目雖然沒有明顯關係；不過，從去年數據來看，成交比率愈高，股價表現的幅度也傾向愈大。舉例說，成交比率介乎5倍以上至31.2倍的異動股中（合共為16隻），在2014年首6個月股價表現介乎-41%至+533%；2014年全年的表現則介乎-64%至+855%，表現最佳者為博華太平洋（01076；參見圖3）。由此觀之，投資成交比率愈高的異動股份，來年風險（波幅）也相對較高。

根據上述篩選準則，套用於2014年的港股上。結果發現共68間上市企業符合標準（參見表1）。不過，由於篇幅所限，難以逐一仔細介紹。因此，筆者將借助板塊輪動圖來尋找當中「潛力」較大的板塊。

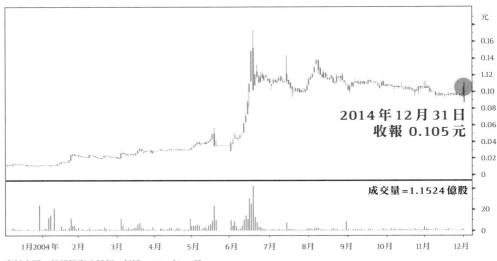

圖3　博華太平洋（01076）2014年股價走勢

2014年12月31日
收報 0.105元

成交量＝1.1524億股

資料來源：信報投資分析部、彭博；2014年12月

從長線板塊輪動圖（參見圖2）來看，金融服務、物流運輸、工業、航空、建築、物流運輸、醫療保健、公用事業、地產、基建、保險、媒體等板塊均處於「領先」方格之內。而持續維持相對強勢的板塊，某程度上可能反映大戶或基金經理於期間正逐步開始收集。無論如何，利用「候選名單」再配合板塊輪動圖的表現，相信可更有效找出來年的領袖股份及板塊（可參看表1）。

總括而言，筆者透過這種9月至11月成交異動篩選方法，找出一些可能成為來年領袖股或領袖板塊供讀者參考。然而，這些股份最終會否「跑出」，還有多方面的因素影響，包括整體市況發展是否配合，以及個別股份基本因素會否顯著轉壞等。而且，值得注意的是，表中所列出的部分股份在成交異動的3個月內已錄得相當「驚人」的升幅，投資者應注意當中的風險。當然，投資者亦須因應個人投資目標及風險承受能力，從而制訂每年的投資大計。

恒生綜指「強勢股策略」相對恒生指數和狗股策略，有較佳的累計表現；此外，若恒指當年的表現優異的話，「強勢股策略」更有槓桿(回報放大)的作用。

16

強弱勢
揀股靠得住?

前文介紹過3個不同的恒指「狗股策略」,測試顯示這3個策略的累計回報均可跑贏大市,而與「狗股策略」理念相若及近乎相反的,便是「弱勢股策略」和「強勢股策略」。這兩類策略的表現,又能否跑贏同期恒指,甚至「狗股策略」呢?

「狗股策略」背後的投資理念是估計去年股價表現差勁、兼有相對高息的指數成分股,在來年大有機會可收復失地,並有較突出的表現。「弱勢股策略」和「強勢股策略」的理念分別相若和近乎相反,做法是將過去1年表現最差和最佳(以價格表現而言)的10隻或20隻指數成分股,納入新一年的投資組合,權重平均分配,並持有組合至翌年;然後再以這揀股策略,重新揀選新一批的「弱勢股」和「強勢股」投資,周而復始。

開始應用之前，筆者先就「弱勢股策略」和「強勢股策略」作4點補充說明。

其一，雖然恒指「弱勢股策略」所揀選的股份，部分與「狗股策略」相同，惟並不完全等同，因為部分表現低殘的恒指成分股，也有機會不派息；而且，若指數成分股由恒生指數伸延至恒生綜合指數，兩種策略所揀選的股份將會有更大的差異。

其二，揀股策略理念方面，「弱勢股策略」是以股價表現最差的股票為選股考慮因素，即預計過去1年表現差勁的股份翌年有機會翻身；而「強勢股策略」方面，則以股價動力為選股考慮因素，其理念是認為過去1年價格表現最好的股份，可望持續下去，來年續有較佳的表現。

其三，在計算「強勢股」或「弱勢股」策略的投資回報率時，未計及交易成本的因素。若計及這項因素，個別「強勢股」或「弱勢股」回報跑贏恒指的差距，將有所收窄。

其四，英國倫敦政治經濟學院（LSE）也曾有研究指出，投資者買入過去12個月英國「百大市值」股份中表現最佳的20隻股票（即強勢股），並按每月同一標準調整組合，這策略在過去逾100年的平均表現，較買入過去12個月表現最差股份（即弱勢股），每年的回報高出逾10個百分點[1]。

有關表現某程度顯示，套用在英國股市內，以較大揀股基礎的「強勢股策略」似乎有較佳表現。故此，本文討論的「強勢股策略」和「弱勢股策略」揀股範圍，除恒生指數成分股外，還會擴大至恒生綜合指數成分股，而納入組合的股票數目有10隻和20隻兩類組合。

弱勢股策略不可取

按以上「強勢股」和「弱勢股」策略的部署，組合內的按年及累計回報率請參考表1及圖1、2。此外，附表及圖還列出恒生指數及「狗股策略一」的同期表現作比對。從歷年「強勢股」和「弱勢股」策略的表現，筆者有以下數點發現：

一、**「弱勢股策略」明顯跑輸狗股策略**。不論是恒生指數或恒生綜合指數成分股所組成的「弱勢股策略」，過去14年累計回報率，分別有67.6%、-64.7%和-35.1%，明顯跑輸「狗股策略一」（同期累計回報達1.21倍[2]）。

不難想像，「弱勢股策略」雖然與狗股策略有幾分相似，但「弱勢股策略」有機會選擇沒有息派的弱勢股，意味納入組合內的股票質素或較低（以派息角度而言），表現也給比下去。

二、恒生綜指「弱勢股策略」明顯不及恒指表現。兩個恒生綜指「弱勢股策略」累計回報均錄得負增長，明顯跑輸大市（恒指同期累計回報為56.4%）。這也許反映，若選股範圍由恒指伸延至較闊的恒生綜指成分股，把質素更差的成分股納入組合內的機會也較高，間接也造成組合表現更差的情況。

綜合以上自2001至2014年歷年「弱勢股策略」表現，可見每年選擇過去一年表現大落後的指數成分股作投資，回報未必可明顯「跑出」，甚至大大落後於恒生指數。

三、「強勢股策略」跑贏恒指同期表現。恒指及恒生綜指「強勢股策略」歷年的累計回報率，分別為74%、123%和232%，三者均較同期恒指累計表現為佳，某程度意味買入過去12個月表現最佳的成分股股份，翌年可延續較佳表現的機會頗高。

不過，值得留意的是，恒指「強勢股策略」（10）累計回報為74%，只高出恒指逾17.6個百分點，明顯較恒生綜指「強勢股策略」為差；而且，這策略過去14年的按年表現，有7次跑輸恒指。

事實上，過去14年，恒指強勢股策略只有一半年份（即7年）表現優於恒指。換言之，恒生綜指「強勢股策略」的表現，相對恒指「強勢股策略」較優。

表 1　個別投資策略按年表現（％；不包括股息在內）

年份	恒指強勢股策略（10）	恒生綜指強勢股策略（10）	恒生綜指強勢股策略（20）	恒指弱勢股策略（10）	恒生綜指弱勢股策略（10）	恒生綜指弱勢股策略（20）	恒生指數回報率	狗股策略一
2001	-15.4	9.0	-2.5	-20.5	-35.4	-23.8	**-24.5**	-7.0
2002	-2.9	10.1	3.3	-20.9	-55.4	-44.2	-18.2	1.5
2003	31.7	102.6	84.9	34.1	88.3	52.3	34.9	30.4
2004	19.7	-9.5	6.3	15.2	-13.3	-7.1	13.2	17.3
2005	7.9	-11.6	-6.8	4.8	-26.9	-9.3	4.5	0.1
2006	56.7	109.7	81.4	26.2	79.6	41.2	34.2	34.1
2007	54.3	92.8	90.8	28.9	9.8	19.8	39.3	20.0
2008	-58.2	-72.5	-67.8	-47.5	-69.8	-63.2	**-48.3**	-34.1
2009	51.9	46.6	52.9	111.8	206.3	194.8	52.0	68.1
2010	0.8	-2.4	6.5	7.0	8.2	12.0	5.3	14.6
2011	-28.7	-15.0	-21.5	-27.5	-50.1	-50.3	**-20.0**	-19.2
2012	10.8	35.1	32.3	30.8	36.5	26.0	22.9	23.7
2013	10.8	-14.3	-0.1	-7.5	-13.2	3.4	2.9	-1.4
2014	-8.1	-26.9	-4.3	-3.0	-12.0	-10.6	1.3	10.2
累計回報率	74.0	122.6	232.2	67.6	-64.7	-35.1	56.4	220.7

註：括號內的數字，代表組合持有的成分股票數目。深色部分為該年表現較恒指為佳。粗體回報率為該年恒指錄得跌幅。

資料來源：信報投資分析部、彭博；截至 2015 年 1 月。

圖 1　個別策略累計回報（2001 年至 2014 年）

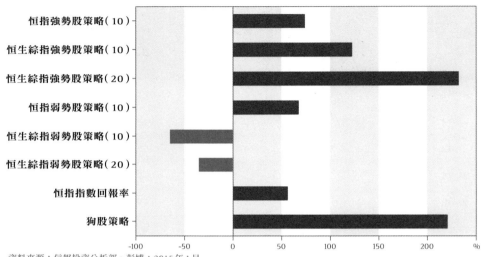

資料來源：信報投資分析部、彭博；2015 年 1 月

圖 2　個別策略按年累計表現

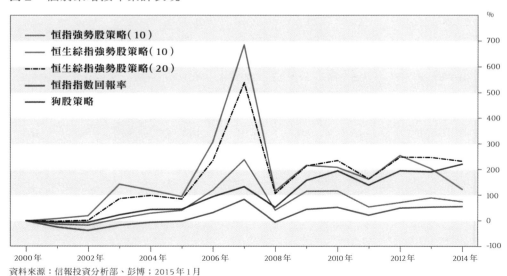

資料來源：信報投資分析部、彭博；2015 年 1 月

四、恒生綜指「強勢股策略」跑贏狗股策略。自2001年至今，恒生綜指「強勢股策略」累計回報達232%，較同期狗股的221%為優。不過，不容忽視的是，在過去14年內，恒生綜指「強勢股策略（20）」，只有7年跑贏狗股策略。

而且，恒生綜指「強勢股策略（20）」有突出表現，主要是歸功於個別年份，尤其是2003、2006和2007年，按年升幅約一倍，恒指在這些年份只有約30%至40%的升幅。

強勢股策略回報高、風險高

此外，恒生綜指「強勢股策略」最大的缺點是，若遇上恒指表現較差的年份如2008年，恒生綜指「強勢股策略」的跌幅，分別高達72.5%和67.8%（恒指和狗股策略於該年的跌幅，分別只有48%和34%而已）。換言之，恒生綜指「強勢股策略」回報率波幅（風險）也明顯較高。

總結而言，從2001年至今的歷年「弱勢股策略」表現，可見Anti-momentum的揀股策略未能奏效。反而，恒生綜指「強勢股策略」相對恒生指數和狗股策略，有較佳的累計表現；此外，若恒指當年的表現優異（按年回報高於兩成）的話，「強勢股策略」更有槓桿（回報放大）的作用。

表 2 2015年恒生綜指強勢股策略成分股

股票代號	股票名稱	2014年累積升幅(%)
00996	嘉年華國際	382
00566	漢能薄膜發電 (2014年7月改名)	256
00530	高銀金融	142
01071	華電國際	124
01363	中滔環保	105
01345	中國先鋒醫藥	82
01618	中國中冶	80
02382	舜宇光學科技	77
00598	中國外運	76
00940	中國動物保健品	74
01918	融創中國控股	70
02005	石四藥集團 (2015年6月改名)	68
00285	比亞迪電子	66
00308	香港中旅	65
01766	中國中車 (2015年6月改名)	64
03898	南車時代電氣	62
01668	華南城	61
02626	湖南有色金屬 (2015年3月31日退市)	60
00390	中國中鐵	60
00867	康哲藥業	55

資料來源：信報投資分析部、彭博；截至2015年1月

事實上，從恒指周線圖可見，恒指經歷數年的三角形鞏固形態後，2015年出現單邊向上的機會不容抹煞；若然如此，這年採納「強勢股策略」或會得到更佳回報。

然而，「強勢股策略」的回報率波幅相對較大，意味這策略投資風險也相對較高。而且，不容忽視的是，「強勢股策略（20）」的累計回報雖然較高，但由於該策略的持有股票數目較「狗股策略一」多出一倍，若計及股息（狗股策略成分股股息普遍較高）、交易成本等，則狗股策略的投資效益肯定較高。

最後，附上2015年恒生綜指強勢股策略（20）的成分股供讀者參考（參見表2）。

註解

1. 　見2011年1月6日 *Economist*：" Why Newton Was Wrong"
2. 　狗股策略一，即是每年投資最高股息率首10隻恒生指數成分股。

信報系列 91

大師兵法
揀港股

作者	信報投資分析部著／呂梓毅編
出版經理	呂雪玲
責任編輯	吳愷媛
封面設計	Pun Fong
書籍設計	Pun Fong
圖片提供	Thinkstock、網上圖片
出版	天窗出版社有限公司 Enrich Publishing Ltd. 信報財經新聞有限公司 Hong Kong Economic Journal Co., Ltd.
發行	天窗出版社有限公司 Enrich Publishing Ltd. 九龍觀塘鴻圖道74號明順大廈11樓
電話	(852)2793 5678
傳真	(852)2793 5030
網址	www.enrichculture.com
電郵	info@enrichculture.com
出版日期	2015年10月初版
承印	中編印務有限公司 香港黃竹坑道24號信誠工業大廈7樓
紙品供應	興泰行洋紙有限公司
定價	港幣 $138　新台幣 $580
國際書號	978-988-8292-83-7
圖書分類	(1)工商管理　(2)投資理財

支持環保 此書紙張經無氯漂白及以北歐再生林木纖維製造，並採用環保油墨。